# 코로나 시대의 페미니즘

feminist critique 2

**김은실 엮음**

권김현영 · 김영옥 · 김은실 · 김주희 · 김현미 · 민가영 · 손희정
신경아 · 이현재 · 장이정수 · 전희경 · 정희진 · 최현숙 지음

# 팬데믹과 신자유주의를 넘어서는
# 페미니즘을 모색하며

2015년 이후 페미니즘은 대중화되었고 다양한 목소리가 활발하게 펼쳐지는 가운데 논쟁하며 갈등했지만, 지금 한국 사회에 적실한 새로운 이론이나 개념을 토론하는 공론장은 만들어지지 못했다. 대신 페미니즘은 신자유주의와 포퓰리즘, 성공과 경쟁의 물신주의, 민원주의, 공포와 절망의 피해자주의, 생태 위기 등의 도전과 마주했다.

2020년이 시작되면서 우리의 삶은 이제까지 한 번도 경험해보지 못한 현실을 맞았고, 페미니즘 또한 예기치 않은 이슈와 마주했다. 여성의 정치세력화를 도모하는 젊은 페미니스트들이 '여성 정당'을 기획했다. 그들의 기획은 매우 신선했지만 그들이 호명하는 '여성'이 누구인지는 궁금하다. 또한 일부 여자대학생들이 여자대학에 진학하려던 트랜스젠더 여성의 입학을 거부한 사건도 있었다. '여성' 주체에 대한 질문이 생기는 지점이었다. 그리고 모두가 서로에게 사회적·물리적 거리를 두어야 생명과 건강이 보존되는 코로나19 팬데믹을 맞닥뜨렸다.

이런 국면에서 '지금 우리는 무엇을 해야 하는가'라는 주제로 진행된 몇몇 페미니스트의 대화에서 공론장이 필요하니 릴레이 칼럼을 쓰자는 이야기가 나왔다. 문제가 되는 기본 개념이나 이슈는 무엇이며, 여기에 어떻게 접근하고 소통을 이끌어낼 것인가? 동시에 사회를 멈추게 하면서 새로운 세계관을 요구하는 신종 코로나 사태가 여성에게 어떠한 의미로 다가오고 있는지 질문할 필요가 있었다.

코로나19 팬데믹은 사회를 멈추게 하고, 사람들을 자가 격리시켰다. 우리는 이제까지 경험해보지 못한 이 팬데믹으로 인간의 삶과 생명을 유지하기 위해 정말 필요한 것이 무엇인가를 깨달았다. 팬데믹은 평소에 비가시화되고 평가 절하되었던 것을 사회적으로 인식하는 계기가 되었다. 페미니스트들은 포스트 코로나 사회가 이제까지 사회를 조직하는 성장, 발전, 효율, 경쟁, 생산력 등의 원칙과는 다른 원칙으로 기획되어야 한다고 주장한다. 돌봄, 타자와의 공존 그리고 자연과의 공생 등이 포스트 코로나 사회를 구상하는 기본적인 매트릭스라고 보는 것이다.

페미니즘이 변화를 생각해야 할 시간이다. 《코로나 시대의 페미니즘》에 실린 글은 우리가 당면한 현실에 관한 해법을 제시하기보다 함께 생각하기 위한 대화를 제안한다. 삶의 방식을 변화시키기 위한 페미니스트 정치학은 어떻게 움직여야 하는지에 관한 담론의 난장이 열리기를 바라면서 글을 엮었다.

이 책은 세 파트로 구성되었다. 독자가 책을 읽으면서 생각을 묶어내고 질문을 진전시키고 책 전체를 하나의 서사로 엮어내는 데 도움을 주기 위해 구분한 것이다. 〈PART 1 누가 '여성'인가?〉는 '여성'에 대한 질문으로 구성되었다. 〈PART 2 페미니즘이 기획하는 포스트 코로나 사회는?〉은 코로나19 현실에 관한 페미니스트의 질문을 다루고 있다. 〈PART 3 신자유주의적 페미니즘을 넘어서〉는 코로나19 이후 새로운 사회를 기획하는 시각에서 신자유주의를 비판하는 글로 이루어져 있다.

첫 번째 파트에서 김은실은 한국 사회에서 '여성'은 누구를 지시하는 범주이고 개념인가를 묻는다. 여성이 그렇게 분명하고 자명한 범주인가를 물으면서 여성이라는 범주가 정치적임을 말하고자 한다.

권김현영은 페미니즘이 오랫동안 여성으로 하여금 피해자라는 지위를 넘어서도록 하기 위해 정치적 투쟁을 해왔음을 주목하면서, 여성이 무해하고 순수한 피해자의 이미지로 굳어지는 것이 현재의 여성운동에서 어떤 의미인지 분석한다. 그러면서 '피해자 페미니즘'을 넘어서자고 제안한다.

김영옥은 트랜스젠더 여성이 여자대학에 입학하려다 좌절한 사건을 두고 벌어진 담론을 검토하면서 형식상 성평등한 고등교육이 보장되는 현실에서 '여자대학'이라는 공간이 지닌 의미를 토론한다. 그에 따르면 여자대학은 급진적·대항적 문화정치의 장이다.

손희정 역시 페미니즘 정치는 다른 성 소수자를 죽임으로써 이루어질 수 없다고 주장한다. 페미니즘 정치와 트랜스젠더 정치는 연결되어 있지만, 멀티트랙 운동으로 접근해야 함을 지적하면서 손희정은 수많은 주변과 함께하는 대중 페미니즘 운동을 꿈꾼다.

두 번째 파트에서 김현미는 자본과 생명-안전의 모순으로 발생한 정치 위기인 신종 코로나 사태가 여성의 노동, 공감, 돌봄 능력에 기대어 해결되고 있지만, 코로나19 이후를 준비하는 국가 사회의 담론은 여전히 경제회복이라는 틀에서 상상되고 있음을 비판한다. 대안적인 사회 기획에는 여성과 소수자, 자연의 종 들이 공존할 수 있는 성장과 발전에 관한 성찰이 포함되어야 함을 주장한다.

신경아의 글은 팬데믹 시대에 최전선에서 사람들을 연결하는 '대인 서비스 업무'를 수행하는 여성 노동자의 감염 위험과 일자리 상실을 이야기한다. 신경아는 성평등이 재난이나 위기 상황에서 유보되어서는 안 되며, 우리는 재난 또는 위기에 성평등한 방식으로 대응해야 한다고 주장한다.

페미니즘을 약자의 인식론이자 더 정의로운 사회에 관한 정치적 상상력으로 보는 전희경은 인간의 취약함과 돌봄에 대한 의존성이 사회의 기본값이 되어야 모두에게 안전한 사회를 상상할 수 있다고 주장한다. 그러면서 이번 기회에 모두에게 안전한 사회를 어떻게 만들 것인지 근본적으로 질문하자고 제안한다.

최현숙은 코로나19 방역 방침의 핵심인 사회적 거리 두기가 키스나 섹스 같은 신체 접촉과 깊이 연관되어 있는데도 가정에서의 이성애 관계나 가족 관계는 전혀 문제시하지 않는 것을 의아하게 생각한다. 반면에 '이태원 코로나19' 사건을 통해 성소수자의 성애가 문제화된 것은 코로나19 방역의 동성애 혐오를 드러내는 것이라고 비판한다.

장이정수는 신종 코로나 사태가 사회를 멈추게 하고 사람들이 서로 물리적 거리를 두게 했지만, 생명 유지에 필요한 살림과 돌봄을 멈추게 하지는 못했음을 지적한다. 장이정수는 코로나19 이후의 한국판 뉴딜에는 지속 가능한 삶에 대한 해법이 들어 있지 않음을 비판하면서 페미니스트 그린 뉴딜을 요구한다.

세 번째 파트에서 김주희는 코로나19 시대에 사회적 거리두기를 가능하게 해주는 디지털 기술의 이면에 숨어든 오래된 문화 논리를 다룬다. N번방 범죄는 남성성의 오래된 작동 방식이 디지털 기술에 개입되어 있음을 보여준다. 김주희는 새로운 여성의 얼굴을 소비하는 '신종' 성구매 욕망의 구조가 디지털 성산업의 동력이 되는 문화경제를 비판하면서, 비대면 사회에서 얼굴을 노출할 수밖에 없는 얼굴의 권력 관계에 사회가 관심을 가져야 한다고 요청한다.

민가영은 범죄와 관련해 신자유주의 맥락에서 페미니즘이 안전 이슈로 축소되고, 피해와 안전이 신자유주의적 통치성을 위한 장치로 배치되는 시대에 페미니스트의 물음은 어떻게 변화되어야 하는가를 모색한다. 더 나아가 피해를 비판적으로 사유할 필요 또한 제안한다.

이현재의 글은 신자유주의 가부장 체제에서 여성에게 주어진 도덕에 맞서 개인의 선택과 성공을 꾀하는 '나쁜 여자'와 가부장적 자본주의 체제와 여성에 관한 희생양 논리를 뒤흔드는 '나쁜 페미니스트'를 구분한다. 이현재는 나쁜 여자가 아니라 세상에 도전하는 나쁜 페미니스트가 되어 변혁적 세계를 만드는 데 여성들이 참여하기를 요청한다.

정희진은 여성의 개인화와 욕망에 기반하는 신자유주의적 페미니즘은 페미니즘의 대중화를 가능하게 했지만, 그것이 과

연 포스트 코로나 시대의 대안이 될 수 있는지 질문한다. 페미니즘의 대중화와 신자유주의적 페미니즘의 관계는 무엇인가. 약자와의 공존, 자연과의 공생을 모색하는 공존의 정치학으로서의 페미니즘이 포스트 코로나 시대를 사유하는 데 동참할 것을 제안한다.

이 책에 실린 글은 모든 필자가 서로의 글을 읽고 의견을 주고받으며 검토하는 과정을 거쳤다. 그 과정에서 서로에게 많이 배웠고, 페미니스트들 사이에서 토론하고 담론을 만들어가는 것이 얼마나 귀중한 일인지 경험했다. 페미니스트들의 힘과 에너지는 서로의 생각을 인정하고 지지하며 토론해주는 동지들과의 연대에서 비롯한다. 그 연대 또는 관계가 이루어질 수 있는 현재성 또한 중요하다.

이 책의 필진에게 지난 몇 개월 동안의 대화와 소통에 감사와 우정의 말을 전하고 싶다. 특히 필진에는 포함되지 않았지만 처음부터 기획에 참여했고, 모든 필자의 글을 논평해준 이명선 선생님에게 감사한다. 그리고 이 책을 내는 데 기꺼이 편집 간사를 맡아준 정희진 선생님에게도 감사한다. 마지막으로 책이 나오기까지 많은 수고를 해준 휴머니스트 편집부에도 감사드린다.

2020년 여름

서울의 작은 현장에서

김은실

☆ 이 책에 실린 글 중 열 편은 《한겨레》와 《한국일보》에 기획연재로 발행된 것이고, 세 편은 책을 엮는 과정에서 초대한 필진의 것이다.

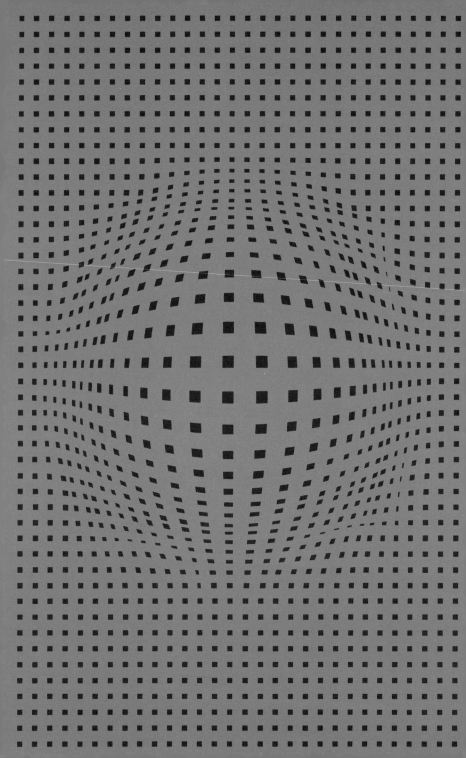

# PART 1

## 누가
## '여성'인가?

# 01.

## 저는 여성이 아닙니까?

### '여성' 범주를 둘러싼 페미니즘 논쟁

김은실

생물학적 여성 연대가

여성 범주를 새롭게 만들어내는 토대는 아니다.

페미니즘의 역사는 젠더 구조가

사회의 다른 지배 구조와 맞물리면서

새로운 '여성'이 구성되어왔음을 보여준다.

어느 날 여성학을 연계 전공하는 대학생이 이런 질문을 했다. "나이 많은 페미니스트들은 무슨 생각을 하고, 무슨 일을 하시는지요? 강남역 사건 이후에 등장한 영영young young 페미니스트들의 활동이나 페미니즘에 관해 어떻게 생각하시는지요?" 나는 "그들도 자신이 중요하다고 생각하는 여러 활동을 하고 있다. 그러나 자신들이 소위 페미니즘 리부팅판을 깰까 봐 아주 조심하고 있단다!"라고 대답했다.

나는 개인적으로 페미니스트들이 '여성계'라는 판을 깰까 봐 논쟁이 필요한 이슈에 개입하지 않으려는 것이 지금 한국 페미니즘의 곤경을 만들어내고 있는 것은 아닐까 생각한다. 그래서 '그럼에도 불구하고' 페미니스트들의 개입과 논쟁이 필요하다는 맥락에서 이 글을 시작한다.

○

## '누가 여성인가'라는
## 오래된 물음

　한국 사회에서 '누가 여성인가'라는 질문은 너무 자명하므로, 대개는 물으나 마나 한 질문이거나 질문을 위한 질문으로 여긴다. 그러나 여성에게 자원이 분배되기 시작하거나 성원권과 권리의 문제가 발생하기 시작하면, '누가 여성인가'라는 문제는 첨예해진다. 그리고 여성을 둘러싼 포함과 배제의 문제가 발생하기 시작한다. 누가 여성인가는 '여성'이 문제가 되는 시점에서 이슈가 된다.

　여성이라는 이름으로 여성 후보가 공천되는 선거철에 누가 '여성'의 대표로 등장하는가? 여성이 사회 구조의 피해자로 호명될 때 누가 자신을 여성으로 동일시하고, 누가 피해자로서의 여성 범주에 속하기를 거부하는가? 트랜스젠더 여성이 여자대학에 입학할 때, 또는 유명한 남성의 부인이 남성 집단의 힘으로 '여성 티켓'을 쥐었을 때 누가 여성인가? 이처럼 누가 여성인가는 말해지는 맥락에 따라 다르다. 평소에 여성이 되길 거부하던 여성도 권력 집단에 진입하기 위해 소수자로서 여성을 주장하기도 한다. '여성'은 아주 정치적이고 다루기 어려운 주제가 되고 있다.

노예였다가 해방된 노예 폐지론자이며 미국의 흑인 여성 인권운동가였던 소저너 트루스Sojourner Truth는 1880년대에 "저는 여성이 아닙니까"라고 물었다. 백인 중산층 여성만 '레이디'가 되는 인종차별주의 사회에서 노예이며 흑인인 여성은 '여성'으로 인식되지 않는다. 남성과 같이 노동하는 근육으로 생존하는 흑인 여성인 소저너 트루스가 자신이 여성인지를 질문하는 순간, 백인 남성과 흑인 남성 그리고 백인 여성은 여성 개념에 관해 판단 정지 상태에 빠진다. 이는 여성에 관한 그들의 기존 인식이 도전받은 정치적 순간이다.

페미니즘 운동은 여성에 관한 개념을 계속 변화시켜온 역사이고, '여성'에게 부가되어온 의미와 역할을 해체하고 새로운 의미로 '여성' 범주를 확대하고 재구성해온 역사다. '여성'은 자명한 범주가 아니다. '여성'은 특정한 국면에서 의미와 권력 관계를 발생시키면서 정치적이고 사회적인 범주로 구축되었다.

이런 의미에서 페미니스트들이 여성의 역사를 쓰고 여성을 가시화해온 업적은 결국 가부장적 규범에서 만들어진 규범적 여성을 넘어서는 새로운 '여성'을 구성해내는 작업이었다. '페미니스트' 역시 규범적 여성과는 구별되는 성차별에 관해 정치적으로 자각한 여성에 대한 호칭이다. 페미니즘은 여성의 위치를 변화시키고 성차별을 종식하려는 과정에서 여성을 아직 도래하지 않은 새로운 '여성', 새로운 젠더 관계를 모색하고 구상하는 주체로 범주화해왔고, 이러한 과정을 설명하기 위한 새로운 개념을 만들어왔다.

○

## 남성과 여성이라는 구분이 가리고 있는 것은 무엇인가

대학이나 일반 사회교육 기관에서 행해지는 여성학 강의에서 가장 먼저 소개하는 개념이 섹스와 젠더일 것이다. 페미니즘의 사전적인 의미에서 섹스는 생물학적인 차이로서의 여성과 남성, 젠더는 사회·문화·역사적으로 정의되는 여성(성)과 남성(성)이라고 정의된다. 단순한 자연적 차이를 지닌 여성과 남성은 특정한 사회문화 속에서 소녀와 소년이 되고, 여학생과 남학생이 되고, 아내와 남편이 되고, 어머니와 아버지, 노총각과 비혼녀 등이 되는 과정을 겪는다.

그 과정은 여성과 남성에게 기존 사회문화가 부과하는 규범으로서의 여성성과 남성성이 몸에 체현되는 과정이고, 여기서 만들어지는 여성성과 남성성이 젠더다. 단순히 생물학적인 차이라고 간주되는 섹스와 달리, 젠더는 특정한 사회 안에서 규범으로 존재한다. 그리고 구체적인 여성과 남성은 몸으로 일상을 살아내면서, 그 사회의 규범을 몸에 각인하고 몸적 실천 또는 수행을 통해 규범화된 젠더를 정상화하고 '자연화'한다.

한국에서 여성과 남성의 범주를 어떻게 이해할 것인가는 학술적인 논쟁이 아니라 매일 일상적으로 벌어지는 논쟁이 되고 있다. 예를 들어 한국의 여성정책이 양성평등 정책인지 성평등 정책인지의 문제는 매우 첨예한 논쟁거리다. 양성평등은 젠더 평등gender equality이라는 말을 이해하기 어려워하는 정부의 공무원을 위해, 2005년에 여성가족부가 고안한 용어다. 당시 페미니스트들은 이 용어가 젠더의 의미를 탈각시키고 있고 양성을 생물학적 성차로 등치할 가능성 때문에 채택을 비판했음에도, 양성평등은 여성과 남성 사이의 평등을 언급하는 개념으로 공표되었다. 그리고 이 용어는 2014년 '여성발전기본법'이 개정되는 과정에서 '성평등기본법'안을 제치고 정책 언어로 채택되어 '양성평등기본법'으로 공식화된다.

페미니스트들은 양성평등이라는 정책 언어가 남녀의 불평등한 권력의 문제를 다루는 전환적인 틀이 되기가 어렵고, 남성과 여성의 범주에 들어가지 않거나 그러한 구별을 교란하는 성별 등은 논의에서 배제하는 결과를 가져올 수 있다고 지적했다.

양성평등의 담론적 효과는 이원론에 따라 남성과 여성만 구분하여 성차와 젠더를 동일시하고, 정책으로서의 양성평등의 주요 업무는 이미 과잉 대표되었거나 과소 대표된 기존 정책의 성별 불균형만 조정하는 데 초점을 둘 수 있다고 지적했다. 이러한 지적은 현실이 되고 있다.

　최근 여자대학에 입학한 트랜스젠더 여성을 '여성'의 범위에 넣어서 여대에서 수학할 수 있게 할 것인지, 아니면 그녀가 원래 '남성'이었기 때문에 '순수한 여성'이 아니므로 여대에 진학할 수 없는지를 둘러싸고도 논쟁이 많았다. 그녀는 여대 진학을 포기했지만, 무엇이 여성이 되는 기준인가, 누가 '여성'인가라는 질문을 우리 사회에 제기했다. 트랜스젠더 여성은 남성과 여성이라는 이원적 구별만이 제도로 존재하는 곳에서 어디에 있어야 하는가, 여대라는 공간은 '여성'을 어떻게 정의하는 곳인가라는 질문 또한 제기했다.


　○

## '생물학적 여성'은
## 여성 연대의 기초가 될 수 있는가

　'양성평등' 정책과 트랜스젠더 이슈는 한국 사회에서 젠더로서의 '여성'이 구축하는 정치적이고 사회적인 이슈 그리고 새로운 젠더 관계의 영역이 끊임없이 생물학적, 자연적 그리고 규범적 담론, 제도, 권력에 의해 간섭되고 규제되고 또 제한되는 것임을 보여준다. 생물학적 성차 담론은 여성의 범주를 논하는 데 가장 큰 규제 권력이다. 1970년대 서구에서 제2의 물결 페미니스트들은 여성과 남성의 성별 위계를 설명할 때 생물학적 환원주의로 빠지는 것을 가장 우려했다. 불평등과 종속이 생물학적 성차에 기인한다는 본질주의적인 접근은 역사적이고 정치적인 방식으로 여성 주체를 구성할 수 없게 하기 때문이다.

2015년 한국 사회에서 이른바 '페미니즘 대중화' 이후 등장한 영(영) 페미니스트 운동 세력의 일부는 여성 연대의 기초를 '생물학적 여성'에 둔다. 그래서 생물학적 여성이 경험하는 개인적 현실이 중요하고 거기에 정치적 의미를 부여한다. 생물학적 여성이 아닌 사람은 여성이 살아오면서 겪는 고통이나 피해, 사유방식을 이해할 수 없다는 것이다. 트랜스젠더 여성의 대학 입학 사건에 관여하는 그들의 논리 역시 평등, 자유 또는 정의라는 개념보다는 여성이 누구인지에 관한 경험을 중시한다. 이런 맥락에서 섹스와 별개로 구성되는 젠더 역시 생물학적 여성 고유의 경험과 인식 주체로서의 여성을 지우기 때문에 반대한다.

여성운동이 생물학적 여성에 기반한다는 말은 이제까지

여성운동이 추구해온 방향에서 볼 때 많은 질문이 생기는 말이다. 운동의 주체가 동일성을 지닌 생물학적 여성이 되면 더 통합적이고 집합적인 운동의 주체가 되는가? 생물학적 여성은 어떻게 정의되는가? 성기가 여성을 설명하는 가장 중심적인 기준인가? 성기가 핵심이 될 때 그 상징성과 문화적 의미의 기원은 생물학에 있는가, 아니면 사회문화적인 것에 있는가? 생물학의 문화적·사회적 구성을 없애면 순수한 자연적 차이만 지닌 여성과 남성이 남는가? 그 관계는 평등한가, 아니면 지배자로서의 남성과 피해자로서의 여성이라는 관계인가?

생물학적 여성과 남성이라는 말은 사람들로 하여금 남녀의 문제가 사회·정치적인 문제라는 강박에서 벗어나게 해주고 페미니즘을 비판하는 효과를 발생시킨다. 그래서 많은 이가 여성과 남성의 관계는 자연의 종과 유사성을 공유하고, 현재의 섹슈얼리티라는 것도 남녀의 존재론적 차이에 의해 발현되는 자연이고 본능이라는 논리에 기대어 현재의 젠더 관계의 자연성을 주장하고 싶어 한다.

이전 세대의 페미니스트들은 사회와 문화가 여성을 생물학적 신체 부위로 환원시키는 것, 생물학적 여성 담론이 여성이 구축한 역사성과 정치성을 삭제하는 것 등을 비판해왔다. 그리고 생물학적 여성이란 말이 여성을 자연화·본질화시키면서 여성 사이의 차이를 무화하고, 차이를 구축하는 계급, 인종, 섹슈얼리티, 나이 등이 만들어내는 여성 경험의 다양성과 가능성 그리고 여성들이 차이를 정치적인 의제로 만들어온 역사를 박탈한다고 비판해왔다.

생물학적 여성 연대가 여성 범주를 새롭게 만들어내는 토대는 아니다. 페미니즘의 역사는 여성 범주가 생물학적 몸이라는 토대 위에서 생산되는 것이 아니라고 말한다. 그보다 젠더 구조가 사회의 다른 지배 구조와 맞물리면서 새로운 '여성'이 구성되어왔음을 보여준다. 인간은 특정한 역사적 시점에서 그 시대의 제도나 이데올로기 체계의 의미망 속에서 태어나고 살아가기 때문에, 의미와 가치가 완전히 지워진 세계는 사실상 존재하지 않는다. 우리가 할 수 있는 것은 역사와 사회 속에 존재하는 특정한 관계의 양상, 즉 제도의 모습을 변화시키면서 여성과 남성의 관계, 젠더의 관계 양식을 변화시키는 것이다. 그리고 그것을 가능하게 하는 페미니스트 주체들이 생산되는 정치적인 장을 창조적으로 만들어내는 것이다.

# 02.

## 여성은 잠재적 피해자인가?

### '무해한 존재'라는 이데올로기를 넘어

**권김현영**

페미니즘은 여성을 피해자로만 여기는
바로 그 생각과 싸워왔다.
페미니즘은 피해자를
동등한 사회 구성원으로서 존중하자고 하지,
피해자의 말이 무조건 옳다고 하지는 않는다.

2020년 5월 1일자 《한겨레》 인터뷰에서 추미애 법무부 장관은 익명의 여성들이 모여 만든 '리셋' 팀이 발간한 160쪽에 이르는 보고서를 읽고 "사법기관이 해야 할 일을 민간인들이 했다. 부끄러웠다."고 말했다. 사법기관의 무능과 방조가 디지털 성착취 문제를 키워오는 동안 여성들이 스스로를 구한 것은 정말 대단한 일이다. 하지만 추 장관의 말대로 이것은 정부가 해야 할 일이었지, 민간 영역에서 할 일이 아니었다.

그동안 여성에 대한 폭력 문제에 사법기관이 제대로 대응하지 않았기 때문에 페미니스트들은 대책위원회를 만들어 피해자 여성을 지원하는 일을 해왔다. 이런 현실에서 페미니스트들은 점점 피해 여성을 대표하는 '역할'(이것은 아이러니하게도 페미니스트에게 주어진 '성역할'이었다)을 맡았다. 지난 20여 년 동안 페미니스트라면 대부분 성폭력 사건을 지원하거나 대책위원회 활동을 해본 경험이 있을 것이다.

여성에 대한 폭력은 페미니스트 조직이 여전히 필요한 이유로 언급되었지만, 여성의 자유와 평등에 관한 해방적 전망을 만들어나가는 다각도의 활동은 조직 내 성폭력 관련 역할 정도로 축소되었다. 이는 각 대학의 총여학생회와 조직의 여성위원회 등이 사라지는 과정에서 반복적으로 벌어진 일이었다. 이것이 '피해자 페미니즘'을 지금 시점에서 새삼스럽게 고민하는 이유다.

○

## 페미니즘은 여성을 피해자로만 생각한다?

"페미니즘은 여성을 피해자로만 생각한다." 이는 《시사인》의 의뢰로 2019년 3월 한국리서치가 20대 남성을 대상으로 실시한 설문조사에서 안티페미니즘 성향을 가늠하는 데 사용된 문장이다. 20대 남성 중 59.2퍼센트가 이 문항에 '매우 동의'했고, 20대 여성은 12.7퍼센트만 같은 보기를 골랐다. '매우 동의'와 '약간 동의'를 모두 포함하면 세대별 차이는 있지만 절반에 가까운 남성과 여성 모두 페미니즘은 여성을 피해자로만 생각한다는 의견에 동의했다.

정말 페미니즘은 여성을 피해자로만 생각하는가? 당연히 그렇지 않다. 페미니즘은 피해자 개인이 더 조심했어야 한다는 식의 피해자 비난victim blaming에 저항하면서 또한 피해자 여성들에게 그 피해가 얼마나 불가역적인 고통을 안겨주는지를 강조하며 두려움을 증폭시키는 방식('성폭력은 영혼을 살해한다' 식의 수사)도 모두 경계한다. 피해 자체를 또다시 구경거리로 소비하는 타자화에도 단호하게 반대한다. 그런데도 현실을 살펴보면 피해자를 존중하되 피해에만 매몰되지 않으려는 페미니즘의 두 가지 목표가 사람들에게 제대로 전달된 것 같지는 않다.

많은 페미니스트는 특히 피해자를 비난하는 문화를 바꾸기 위해 노력해왔다. 여성의 옷차림이나 귀가 시간, 음주 여부, 소셜 네트워크 서비스SNS 사용 방식 등이 성폭력을 유발했다는 말이 아직도 공론장의 '의견'으로 통용되는 현실에 맞서는 저항을 조직했다. 피해자가 입었던 옷(대부분 일상복이다)을 전시하고, 노출이 있는 옷을 입고 아무리 밤늦게 다녀도 그것이 성폭력을 당할 이유가 되지는 않는다는 내용의 시위를 조직하고(슬럿워크, 밤길 되찾기 시위 등), 손팻말("성폭력의 원인은 피해자가 아니라 가해자에게 있다")을 만들고, SNS 해시태그("우리는 피해자가 궁금하지 않다")를 제안하고 실시간 검색어로 올리기 위해 총공세를 펼친다.

피해에만 매몰되지 않으려는 노력도 이어졌다. 예컨대 여성에 대한 폭력 문제는 선정주의적 보도로 이어지거나 피해자를 타자화함으로써 대중 감정에 호소하기 쉽다. 페미니즘 내부에서도 특히 폭력 피해에 관한 집중적 조명이 자칫 대중을 선동하는 포퓰리즘으로 이어질 가능성이 큰 의제라고 생각하여 이를 경계해왔다.

그 결과 가정폭력 피해 여성이 구타당하고 살해당한 사진을 직접 전시하거나 성폭력 피해 상황을 대중에게 무차별적으로 자세하게 묘사하는 일이 점차 줄어들었다. 최근 텔레그램 N번방 사건과 관련해서도 한 신문의 기획보도가 피해 상황을 지나치게 자세히 묘사하고 중계한다는 비판이 있었다. 피해 사실이 적시되어 있는 공소장의 내용을 그대로 보도해서 피해자를 특정하게 만드는 보도 역시 문제로 지적되었다. 피해와 가해 구도로만 설명되지 않는 관계를 함부로 피해와 가해의 이분법으로 규정하지 않으려고도 애써왔다. 페미니스트들은 데이트 폭력을 비롯해 친밀한 관계에서도 당연히 강간이 성립할 수 있다고 보지만, 모든 것을 피해로 수렴하기보다는 상호성과 맥락성을 중시해왔다. 예컨대 성적 욕망은 관계의 상호작용 안에서 어떻게 발현되고 실천되는지에 따라 쾌락이 되기도 하지만 자신과 타인에게 궁극적으로 해가 될 수 있다. 피해를 증명하기 위해 경험의 풍부한 맥락을 제거하기보다는 권력에 대한 이해를 바탕으로 개인의 실천과 구조적 제약을 함께 논의해온, 젠더기반 폭력에 대한 페미니즘의 관심사는 이후 여성주의 상담과 여성주의 자기방어훈련이라는 분야로 발전했다.

하지만 이런 실천들은 앞서 언급한 기본적인 사법정의가 실현되지 않는 현실과 만나면 우선순위에서 밀리거나 대중의 분노와는 동떨어진 소수의견으로 취급되기 십상이었다.


○
## 피해는 어떻게
## 자원이 되는가


페미니스트들이 피해자 비난에 맞서 싸운 덕분에 피해자에게 쏟아지던 비난은 일정 정도 그 영향력이 줄어들었지만, 누가 진정한 피해자인가를 둘러싸고 피해를 증명하고 경쟁하는 문화는 가속화되고 있다. 사법정의가 매우 협소하게 실현되고 사회정의 전반이 제대로 작동하지 않는 사회에서는 자격 있는 피해자가 누구인가를 두고 치열한 경쟁이 벌어진다. 이때 피해는 그 자체로 해결되어야 할 사회문제가 아니라 피해를 통해 증명되는 사회적 위치를 확보할 조건이자 자원이 된다. 이렇게 되면 여성과 남성은 서로가 자신이 입고 있는 피해 사실을 경쟁적으로 전달하는 데 힘을 집중한다. 앞서 언급한 설문조사를 기획한 《20대 남자》의 저자들에 따르면, 20대 남자 넷 가운데 한 명은 남자라는 이유로 차별받으며, 남자야말로 진짜 약자라고 주장한다.◆

　　무슨 소리인가. 성폭력의 가해자는 압도적으로 남성이 많고 피해자 대부분은 여성이다. 법무부가 발행한 〈2020 성범죄 백서〉에 따르면 등록된 성범죄자 중 99.1퍼센트가 남성이다. 대검찰청의 〈범죄분석통계〉에 따르면 전체 성폭력 범죄자 중 여성 피해자는 96.3퍼센트다. 노동시장의 성차별은 단순히 임원 직급에 여성이 진출하지 못하고 있는 정도의 문제가 아니라 경제 위기마다 구조적으로 여성을 더 취약한 상태에 밀어 넣는 성별 구조조정을 통해 강화되고 있다. 하지만 이런 근거를 들면 곧바로 남성의 피해 사례가 반증으로 이어진다. 일례로 산업재해 사망자는 2018년 기준 남성이 전체 산업재해 사망자의 94.7퍼센트이고, 대부분 건설업과 운수업 등에서 발생하는 사고라는 점이 남성이 더 힘들다는 증거로 제출되는 식이다.

◆　　천관율·정한울, 《20대 남자: '남성 마이너리티' 자의식의 탄생》, 시사IN북, 2019.

여성과 남성은 성별에 따라 다른 방식으로 피해를 입는 조건에 노출된다. 남성의 피해는 여성의 피해에 대한 '반증'이 아니라 젠더화된 사회에서 각각의 성별은 계급과 연령 등에 따라 다른 방식으로 문제를 경험한다는 증거다. 예컨대 건설업과 운수업 등 '남초男超' 직업군에서 산업재해 사망자가 집중적으로 발생하는데도 보호장비를 추가하고 안전기준을 높이는 등의 변화가 발 빠르게 따라오지 못하는 이유는 이러한 안전조치의 필요성을 강조하는 것이 남성답지 못하다는 인식에서 기인한다는 분석도 있다. 여성 대상 범죄의 가해자가 주로 개별 남성이라면, 산업재해의 가해자는 개인이 아니라 구조로서 존재한다. 여성에게 남성은 그 자체로 구조적 장벽이라는 의미다. 이처럼 젠더는 여성과 남성의 피해 모두를 더 잘 설명해주는 분석 도구가 될 수 있지만, 피해의 경쟁장에서는 그저 공방의 하나로 소모되고 만다.

○

## "피해자를 존중한다"는 말의 의미를 생각한다

아이러니한 점은 가장 열성적으로 피해자 정체성의 정치

를 하는 것은 실제 피해자가 아니라 '잠재적' 피해자들이라는 점이다. 일부 남성이 "그렇다면 나도 피해자"라며 피해자 위치를 전유한다면, 일부 여성은 잠재적 피해 가능성을 제거하자며 위험으로부터 안전할 권리를 주장한다. 남성 모두를 잠재적 가해자로 간주하는 것은 가능하지도 필요하지도 않다. 그렇게 하면 직접 행동을 한 가해자, 그들의 행동을 응원하고 격려했던 또 다른 가해자, 한때의 호기심이라며 선처해준 가해 공모자 등 가해자 블록을 남성 일반 뒤에 숨겨줄 뿐이다. 남성이기 때문에 언제든지 가해자일 수 있다는 말은 남성 일반을 공격하는 말이 아니라 남성이기 때문에 어쩔 수 없다는 변명으로 훨씬 더 자주 사용된다.

마찬가지로 여성을 모두 잠재적 피해자라고 생각하면 잠재적으로 위험이 될 수 있는 (주로 외부적이고 이질적인) 것으로부터 보호하자는 논리가 페미니즘의 언어처럼 사용되고, 여성들이 서로를 단속하면서 피해자가 되지 않는 것을 독려하고, 위험한 여성과 자격을 갖추지 않은 여성을 비난하는 문화가 만들어지기도 한다. 위험으로부터 안전할 권리를 주장하는 '잠재적' 피해자주의는, 위험지대에서 살아갈 수밖에 없는, 또는 때로 위험을 기꺼이 감수함으로써 규범이라는 이름으로 자행되는 폭력에 저항하고자 하는 여성의 삶을 타자화하거나 비가시화한다.

이는 페미니스트라면 그 누구도 원하지 않는 흐름일 것이다.

다시 강조하자면 페미니즘은 여성을 피해자로만 여기는 바로 그 생각과 싸워왔다. 페미니즘은 피해자를 동등한 사회 구성원으로서 존중하자고 하지, 피해자의 말이 무조건 옳다고 하지는 않는다. "당신 잘못이 아니다"라는 말은 피해자를 부당하게 비난하는 것을 막아내기 위해서 필요했지, 여성이 어떤 것도 진정으로 선택할 수 없다거나 모순과 혼란을 경험하며 자신의 삶을 만들어가는 과정 중의 주체라는 점을 부인하려는 말이 아니다.

피해자를 존중한다는 것은 피해자를 진공상태에서 보호하겠다는 말이 아니다. 살아 있는 인간으로서 피해를 경험하고 때로는 그 경험에 관한 해석을 변화시키면서 성장해가는 여성을 지지한다는 뜻이다. 어떤 경험은 피해일 수도 있고 피해가 아닐 수도 있는 회색지대에 존재한다. 그 경험을 모두 피해와 가해의 이분법으로 분류해야 하는 것은 아니며, 현실적으로 가능하지도 않다.

아무에게도 상처받지 않고 누구에게도 폐를 끼치지 않는 무해한 존재로 사는 것을 목표로 삼으면 세상은 온통 위험한 것으로만 가득 차 있다는 두려움만 계속해서 증폭된다. 공포로 가득한 세계에서 모든 잠재성을 피해 또는 가해로 치환해버리는 것이 아니라, 상처받아도 그것으로 인생이 끝나지 않고, 약하고 부족하고 좀 이상하고 불편해도 그것이 바로 인간으로서의 여성이 사는 여러 모습 중 하나라는 사실을 더 많은 사람이 알게 되는 것, 이것이 '피해자 페미니즘'을 넘어서는 다음 단계가 될 수 있지 않을까.

# 03.

## 나의 안전은 너의 배제로 완성되지 않는다

### 여대의 대항적 공공성을 향하여

김영옥

여자대학은 영토가 아니다.

여자대학은 주류 사회 전반에 대한

급진적·대항적 문화정치 투쟁의 장으로 존재해왔고,

앞으로도 계속 그럴 것이다.

현재 여대가 존립해야 할 이유는

바로 이 대항적 공공성에 있다.

2016년 5월 강남역 살인사건 이후로 한국 사회 여성들은 '안전'에 매우 민감해졌다. 여성혐오가 만연한 한국 가부장 사회에서 여자로 살 때 맞닥뜨릴 위험이 얼마나 극단적으로 구체적일 수 있는가를 깨달았고, 그만큼 잠재적 피해자 의식도 깊어졌다. 대응 방식 또한 뚜렷하게 달라졌다. '불편한 용기'가 이끈 불법촬영 편파수사 규탄 시위(2018년), 임신중단 합법화를 외친 비웨이브 시위(2016~2019년) 등 이어지는 시위에서 다양한 성폭력 고발의 목소리와 함께 트랜스젠더 '여성'은 여성이 아니라는 주장이 반복적으로 제기되면서 트랜스젠더 배제가 맥락적으로든 논리적으로든 깊이 있게 사유되거나 토론되지 않은 채 점차 하나의 '입장'으로 힘을 발휘했다. 2020년 2월 7일 숙명여대 법과대학에 합격했던 트랜스젠더 '여성'이 결국 입학을 포기했을 때, 그의 입학을 반대한 '숙명여대 트랜스젠더 남성 입학 반대 TF팀 X'가 "여성으로 태어나 페미사이드femicide에서 살아남은 우리의 존재는 지워질 수 없기 때문입니다"라며 '환영사'를 발표했을 때, '생물학적 여성(중심)주의'는 혐오의 논란에서 벗어나기 어려워졌다.

이제 그들이 추구한 여성의 '안전 문제'는 위험과 쌍을 이룰 뿐 아니라 위협과 쌍을 이루는 정치와 인권의 문제가 되었다. 위험에서 나-우리를 지켜내는 적극적 행동이 누군가의 존재와 교육권뿐 아니라 안전권마저도 위협한다. '무서워서' 입학을 포기한 그의 안전과 '살해의 위험' 때문에 그를 밀어낸 이들의 안전은 도무지 풀리지 않는 한 쌍의 부조리로 우리 앞에 던져졌다. 왜 그의 안전과 '우리'의 안전은 함께 지켜질 수 없는가.

○

## 해방공간으로서
## '여대'가 마주한 곤란

내가 강의하고 있는 숙명여대 학생 10여 명에게 그들이 경험한 '여대'에 관해 물어보았다. 그들은 모두 무엇보다 페미니즘과 페미니스트 정체성이 기본값이 된다는 것, 그래서 마음껏 '나

댈 수' 있으며, "너 페미 그런 거 해?"라는 질문에 떨 필요 없이 학내와 사회 문제에 '불편'을 말할 수 있는 자유를 언급했다. 둘째로 그들은 '동료 여성'의 존재를 언급했다. 여성인 자신들의 목소리를 들려주고 이해받고 적절한 반응을 누릴 수 있는 곳이 여대라고 했다. 다음으로 그들은 동아리방이나 과방에서 성추행당할 염려 없이 잠잘 수 있다거나 트레이닝복을 입고 돌아다닐 수 있는 등의 신체적 자유를 말했다. 이들이 말한 여대의 안전성은 물리적 안전과 상징적 안전, 두 가지 측면을 지닌다.

특히 학생들이 주목한 것은 말하는 주체로서의 '여성'이었다. 대리되지 않겠다는, 스스로 결정하고 나서고 말하겠다는 주체 의지의 강조였다. 남성을 여성의 보호자로 간주하는 한국 사회에서 여성은 연단에 서기 위해, 대출을 받기 위해, 낯선 곳을 여행하기 위해, 중요한 프로젝트의 책임자나 결정권자가 되기 위해 용기를 내서 모욕과 위험에 맞서야 했다. 형식상 평등이 보장되었다지만, 공학에서는 여전히 남학생을 학생집단의 대표로 여기는 관습이 강하게 남아 있다. 여대에 다니는 여성들은 이 사실을 정확히 의식하고 있었다. 말하는 주체로서의 여성이고자 하는 여성이 발현하는 주체성은 '여성'은 누구인가 하는 질문에서 출발한다. 여성은 사회문화 규범이 지시하는 그 '여성'과 자신이 살면서 느끼고 경험하는 것 사이의 불편한 간극을 거의 매

순간 느끼며 산다. 학생들과의 대화에서 이 간극에 관한 자각은 분명했다. 그런데 투쟁의 국면에서 외부를 향해 발언할 때는 왜 '생물학적인 여성'이 주장되는 것일까.

여대는 '여성이라서' 고등교육이 필요 없고 공동체 만들기에 기여할 수 없다는 가부장제에 이의를 제기하면서, '여성이라서'를 성찰하고 그 성찰을 토대로 세상의 모든 '~라서'를 재해석하며 세상을 바꿔왔다. '여성은 여성으로 태어났으니까 여성이다'라는 환원주의적 동어반복은 여대의 교육이념과 많이 동떨어져 보인다. '여성으로 태어났으니까 여성인' 이 '여성'이 생물학적인 여성이라는 주장도 더 고민해봐야 한다. 페미니스트 과학철학자인 도나 해러웨이Donna J. Haraway나 샌드라 하딩Sandra Harding은 생물학 또한 특정 사회문화적 맥락 안에 상황적으로 위치된 지식체계라는 것을 누누이 강조했다. 자연·물질세계 그 자체인 것처럼 보이는 생물학은 이미 특정 필요와 관점에 따라 관찰되고 해석된 자연, 즉 상징-언어적으로 물질화된 담론이다. 생물학적인 여성이라는 말도 '여성/성'이 특정 권력 구조에 의해 구성된 것임을 설명하기 위한 기호학적 대당對當으로 이해해야 한다.

여대에서 여성은 다른 여성을 동료로 만나 일종의 언어 공동체를 이룬다. 사회에서 늘 변방의 언어를 사용하면서 느꼈던

소외를 딛고 이곳에서 여성은 '서로 속함'이 선사하는 존중과 가치를 확인한다. '여대'에서 여성이 안전을 누릴 수 있다면, 그 안전은 무엇보다 '나는 나를 정의할 권리가 있다'는 권리선언에서 출발한다. 여대가 진화해온 역사는 이것을 구체적으로 명료하게 제시한다. 여대에서 여성은 가부장제 사회의 고질적인 성별 신분제에 저항하며 '자기 정의'에 입각한 정체성을 구축해왔다.

이제 여성은 대학에서나 일터에서나, 적어도 명목상으로는 '평등'을 보장받는다. 여성이 '밖으로' 나갈 수 있도록 빗장이 여기저기서 열리고 있다. 이렇게 여성의 '바깥 활동'이 다양해지자 여성은 보편주의 정신에 어긋나는 분파적이고 본질적인 정체성의 정치를 펼치는 것으로 비난받으며 험한 백래시backlash에 휘말린다. 이 비난이 비대면 인터넷 공간에서 일어날 때 양상은 한결 더 극단으로 치닫는다. 가학성 조리돌림과 험한 용어가 빠른 속도로 증식되는 가운데 매우 실제적인 위협과 공포의 정동이 널리 퍼진다. 강남역 살인사건은 온라인 공간에서의 위협이 오프라인 공간에서 구현된 것으로 경험되었고, 이후 목소리를 포함한 신체는 내 편인가 적인가를 구분하는 핵심 잣대가 되기 시작했다. 지금 여대에서 구성원들이 '안전'을 내세우며 '다른 누군가'의 '진입'을 '침입'으로 진단하고 원천봉쇄를 시도하는 것은 동시대 페미니즘이 인터넷 일상화 시대에 정체성의 정치학으로서 맞닥뜨린 이러한 곤란함을 반영한다. 그리고 이것은 신자유주의 시대에 불확실해진 삶과 연관된다.

○

## '여성의 공간 사수'에
## 내재한 모순들

가부장제 문화 이데올로기가 심한 한국에서 여대는 '이성애 남성의 로망'이라는 가부장적 이미지와 여성 지도자 양성 공간이라는 여성주의적 의도가 공존하는 곳이(었)다.◆ 2017년 이후 지구적인 미투me too 물결은 여성의 입장에 유의미한 변화를 가져왔다. 현재 한국에서 영(영) 페미니스트가 가장 적극적으로 추진하는 행동강령인 탈코르셋과 4비(비연애, 비섹스, 비혼, 비출산)는 '여성이 안전한 공간'이라는 여대 인식 및 그에 따른 구체적 실천과 제대로 봉합되지 않는 모순을 보인다. 이는 다른 소수자 운동과의 관계에서도 마찬가지다. 전 세계적으로 관찰되는 주류 페미니즘과 신자유주의적 질서의 공모가 일정 부분 이 모순의 맥락을 형성한다.

◆　나윤경, 〈한국 여자대학교의 존재 이유: 남녀공학의 대안 혹은 경쟁자〉, 《교육과학연구》 제42집 제3호, 이화여자대학교 교육과학연구소, 2011.

예를 들어 '여성의 공간 사수'를 강조하며 트랜스젠더 여성의 입학을 저지한 숙대 래디컬 페미니스트 여성들은 5·18 망언과 세월호 유가족 폄훼 발언을 한 김순례 전 국회의원에게 동문으로서 면죄부를 주자고 주장한 바 있다. 그들은 여성의 정계 진출이 여전히 어려운데 좀 감싸줘야 하는 거 아니냐고, 왜 여성에게만 유독 가혹한 도덕적 잣대를 들이대는 가부장제 관습을 후배 여성들이 따라 해야 하느냐고 반문했다. 두 경우 모두 '여대'의 정체성과 존재 이유를 현재 시점에서 깊고 포괄적으로 묻게 만드는 사건이다.

이 페미니즘은 스스로 '래디컬'이라고 부르지만, 사실 거기에는 (엄격한 탈코르셋과 4비를 주장하는) 급진주의와 (정계와 재계 등의 '자리'라는 파이를 나누려는) 자유주의, (여성의 '권익'을 위해 설립된 여대에 '페미사이드 공포도 겪지 않은' 트랜스젠더가 진입하겠다는 것은 가당치 않다는 공정성을 내세우는) 신자유주의적 부족주의 등이 공존한다. 이 입장의 차이는 불화의 원인을 외부에서 찾을 때 불화 없이 공존할 수 있다. 계속 불화하지 않기 위해 이 페미니즘은 '진짜 여성', 진짜 피해자를 검증하기 위해 염색체 검사를 하자고 제안한다. 강남역 살인사건의 경험이 일종의 원형적 트라우마로 계속 작용하는 것이다.

그러나 앞서 언급했듯이 생물학을, 그것도 염색체를 존재

증명의 토대로 삼겠다는 것은 페미니즘이 아니라 과학사의 관점에서도 지지받기 어려운 제안이다. 염색체가 근간이라면, 외모를 전적으로 바꿔주는 호르몬은 무엇인가? 신경과학자들은 염색체가 아니라 뇌세포와 호르몬이 '당신은 누구인가'를 밝혀준다고 주장한다. 그리고 이 뇌세포들은 마음-몸 동작의 반복적 훈련을 통해 지속해서 새로운 지도를 그린다. 인간은 하나의 내용, 하나의 형태로 불변하는 무엇이 아니다.

'안전하지 못하다'는 여성의 느낌은 단지 신체적 위협을 가리키지 않는다. 온·오프라인에서의 성적 부자유와 불안정한 시민적 지위, 경제적 불확실성 등이 신체의 온전함에 관한 권리를 약화하고 두려움을 강화한다. 막아낼 수 있는 단 하나의 원인이 아닌 여러 요인의 교차가 만들어내는 불안전성인 것이다. 이런 교차적인 어려움 속에서 '여대, 안전한 공간'이라는 화두가 떠오른 것이다.

○

## 여대는 대항적 공공성이
## 자랄 수 있는 토양이다

그런데 지금 여성'들'이 역량 강화와 연대를 기획하는 토대가 '피해자 정체성'이라면, 이것은 그동안 여대와 페미니스트들이 함께 진화시킨 여성의 시민권과 인권의 역사를 퇴보시키는 것이다. (아내나 어머니, 누이 등) 남성과의 관계 속에서 기본 정체성을 갖는 여성들은 투쟁의 집단주체가 될 수 없다는 편견을 깨고, 여대와 페미니스트들은 사적이고 개별적인 것처럼 보이는 '피해자의 자리'를 집단적 분노와 사회정의를 향한 연대 투쟁의 장으로 만들어왔다. 일상이나 일터, '놀이터' 등 어떤 영역에서 어떤 피해를 당한 것이든, 피해자가 생존자와 활동가의 공공적 자리로 이동해온 과정은 페미니즘 역사의 축적된 역량이고 자부심이다. 어떤 새로운 형태의, 또는 강도 높은 젠더 폭력이 발생한다 해도 이 힘과 자부심은 무너지지 않는 귀중하고 단단한 자원이어야 한다.

여성이 '생식기를 중심에 두는 단순 해부학의 몸'이 아니듯이, 여자대학은 영토가 아니다. 깃발을 꽂거나 문을 잠금으로써 소유권을 주장할 수 있는 곳이 아니다. 여자대학은 주류 사회 전반에 대한 급진적·대항적 문화정치 투쟁의 장으로 존재해왔고, 앞으로도 계속 그럴 것이다. 고등교육에 접근할 기회에서 성평등이 이루어진 지 이미 오래된 상황인데도 현재 여대가 존립해야 할 이유는 바로 이 대항적 공공성에 있다.

이제까지 여대는 선도적인 비전으로 가부장제 주류·비주

류 남성 동맹의 기만적인 주의주장에 맞서 지식체계나 사회정의의 감각을 재편해왔다. 앞으로도 여대는 페미니즘 가치의 훈련장으로서, 개방적 다원주의의 공간으로서, 여타의 편협하고 폭력적인 배제나 억압과 맞서는 곳으로서 자기 변신을 거듭할 것이다. 누구의 안전이 누구의 위험을 대가로 보장되는지, 주어진 안전 뒤에는 어떤 타율적 보호주의가 거래되고 있는지, 그야말로 급진적으로 안전을 사유하는 이곳에서 페미니즘이 지속적으로 갱신될 것을 믿는다.

04.

# 페미니즘은 트랜스젠더를 버리고 가야 한다고요?

## 횡단과 확장의 페미니즘 운동을 꿈꾸며

손희정

"페미니즘이 트랜스젠더를 안고 가느냐 마느냐"는
제대로 된 질문이 아니다.
페미니즘과 트랜스젠더 운동은
독자적인 자리를 가지고 있으면서도 서로 분리되지 않는,
일종의 '보로메오의 매듭'처럼 얽혀 있다.

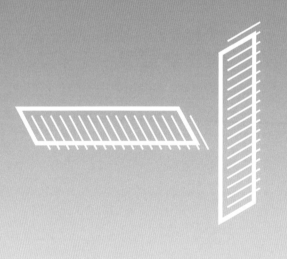

2020년 5월 14일 엠넷Mnet 프로그램 〈굿걸: 누가 방송국을 털었나〉에서는 아주 인상적인 무대가 펼쳐졌다. 하얀 옷을 입고 맨발로 무대에 오른 아티스트가 '여성과 젠더퀴어 그리고 성별 이분법을 벗어난 모든 가능성을 위한 빵과 장미'를 노래했다. 스스로 페미니스트라고 소개한 래퍼 슬릭이었다. 그의 양옆에서는 성 소수자의 인권을 상징하는 무지개 프라이드 플래그가 휘날리고 있었다. 역동적이었고 아름다웠다.

슬릭은 계속 이어갔다. "고민하지, 어떤 게 예술가의 삶, 누구 위에 있기 위해선 존재하지 않아, 고민하지, 아무도 죽이지 않는 노랫말, 그 앞에선 어떤 게임도 시작 버튼 눌리지 않아."

그는 이 가사를 통해 지금까지 남성 래퍼들이 자신의 '위태로운 삶'을 전시하기 위해 그 위기를 초래한 구조를 문제 삼기보다는 공격하기 쉬운 대상으로 여성과 소수자를 (가사로) 짓밟아 온 문화를 비판한다. 슬릭의 무대 위에서 마초적인 힙합 문화는 완전히 낡은 것이 되어버렸다. 그가 낡은 풍습을 비판하는 것에 그치지 않고 또 다른 미래를 열어 보였기 때문이다. 그것은 광범 위한 젠더 스펙트럼 위에 존재하는 수많은 다양성 사이의 연대, 그리하여 쟁취할 '우리'를 위한 빵(생존권)과 장미(정치)가 있는 미래다. 이야말로 나의 억울함을 호소하여 오직 나만이 무대 위의 주인공이 되기 위해 부당하게 다른 희생양을 세우지 않는, "아무도 죽이지 않는" 예술이었다.

　슬릭의 무대를 보며 생각했다. "아무도 죽이지 않는" 운동은 가능할까? 슬릭의 랩처럼 뜨거운 용기가 필요하지만 동시에 담대할 수 있는 운동을 우리도 꿈꿀 수 있을까? 특정 페미니스트들 사이에서 등장한 트랜스 배제적 목소리를 생각하면, 이런 급진적이면서도 대중적인 운동의 기획은 생각처럼 쉽지 않은 것 같다. 소라넷, 강남역 여성살인사건(을 비롯한 수많은 폭행·살인 사건들), 게임계 사상 검증, 채용 차별, 현실정치에서의 여성 과소 대표 등 산적한 문제를 앞에 두고 페미니스트들은 때로 절박할 수밖에 없다. 그렇게 조급해지면 이미 나 있는 익숙하고 빠른 길을 택한다. 최근 한국 사회를 충격으로 몰아넣은 텔레그램 N번방 사건에서도 "나는 이제까지 연대를 말하는 페미니스트였지만, 이제부터 여자만 챙기겠다"고 말하는 여성들이 등장했다. 여기서 '여자'란 물론 트랜스 배제적인 범주다.

"트랜스젠더는 버리고 간다"는 선언과 함께 만들어지는 '여성 정체성'은 일견 선명한 듯하고, 여성 앞에 놓인 복잡한 상황이 조금이라도 간단해지는 것 같은 느낌이 들지도 모른다. 문제는 현실이 그렇지 않다는 것이다. 생물학적 본질주의와 배타적인 여성 범주에 기대어 누군가를 배척하는 운동은 여성을 차별과 위험에서 해방해 평등하고 안전한 세계로 이끌지 않는다. 그건 여성을 성기로만 축소해온 가부장제의 낡은 세계관을 답습함으로써 여성을 피해자의 자리에 고착시키고 또다시 가부장제의 테두리 안에 가두는 결과를 불러오기 쉽다. 견고한 여성 정체성을 구성하여 "여성을 세력화하려는 정체성의 정치학과 가부장제가 규정한 여성 정체성 간의 거리가 유지되고 있는지"◆ 세심하게 살펴봐야 하는 이유다.

그보다는 사회가 단단하게 쳐놓은 정상성의 경계를 질문하고, '젠더'를 더욱 전복적인 페미니스트 이론과 실천의 방법론으로 전유하는 것이 새로운 세계를 만들어낼 수 있게 한다. 이 말의 의미를 이해하기 위해 트랜스젠더 담론과의 상호작용 안

◆ 조주현, 《여성 정체성의 정치학》, 또하나의문화, 2000.

에서 확장해온 페미니즘의 역사를 함께 복기해보자.

○

## 페미니즘과 트랜스젠더 담론의
## 오래된 공생 관계

지난 두 세기에 걸쳐 페미니스트들은 신의 자리에 올라선 과학이 만들어낸 환상, 그러니까 섹스는 생물학적으로 확정되어 있다는 환상과 싸워왔다. 18세기에 이미 "남성도 여성처럼 교육을 받으면 여성화될 것"이라고 말한 메리 울스턴크래프트 Mary Wollstonecraft부터 1940년대에 "여자는 태어나는 것이 아니라 길러지는 것"이라고 선언한 시몬 드 보부아르를 지나 1970년대 초 아직 '젠더'라는 표현이 정착되지 않았을 때 "성계급sex class"이라는 개념을 썼던 슐라미스 파이어스톤Shulamith Firestone에 이르기까지, 수많은 페미니스트가 해명하려고 했던 건 성역할이란 남녀의 자연적 차이가 아니라 사회적·문화적으로 구성된 차이라는 사실이었다.

이러한 페미니스트들의 고심과 분투는 1970년대에 이르러 '젠더'라는 말과 만난다. 가히 코페르니쿠스적 전회라고 할 만한 '젠더'라는 개념의 발견. 이는 어떻게 가능했을까?

젠더는 1960년대 말까지 대체로 문법에서 여성·남성·중성을 일컫는 용어로 사용되었다. 이것이 소위 '생물학적 성'으로 이해되는 섹스와 대비되는 개념으로서 '사회적으로 구성된 성'이라는 의미로 사용되는 중요한 계기를 제공한 것은 1968년 성심리학자 로버트 스톨러Robert Stoller의 《섹스와 젠더Sex and Gender》라는 책이었다. 그가 의학적으로 지정된 성별과 다른 성별 정체감을 가진 내담자들을 상담하고 이를 설명하는 과정에서 '젠더'라는 말의 의미가 정립되어간다. 그리고 페미니스트 이론가와 활동가 들이 이를 적극적으로 차용했다. 페미니즘과 트랜스젠더 담론의 접점에서 '젠더'란 말이 지금과 같은 용법으로 구성된 셈이다.

한편 근대 성담론의 형성과 함께 '특이한 존재'로 식별되고 주목받기 시작한 트랜스젠더를 일컫는 용어 역시 계속 변화해왔음에 주목할 필요가 있다. 애초에 근대 성과학이 트랜스젠더를 논하기 시작할 때, 그들을 일컫는 첫 용어는 독일의 성과학자 마그누스 히르슈펠트Magnus Hirschfeld가 고안한 '트랜스베스타이트transvestite(복장도착자)'였다. 동성애자, 크로스드레서, (20세기 초 당시 의학적 소견으로 표현할 때) '성전환증 환자'가 잘 구분되지 않던 시절, 트랜스젠더는 일종의 '복장도착자'로 이해되었던 것이다. 이후 히르슈펠트는 이 용어를 '트랜스섹슈얼transsexual'

로 수정한다. 이는 남성 신체에서 여성 신체로mtf 또는 여성 신체에서 남성 신체로ftm, 그야말로 '트랜스섹스'하는 존재를 일컫는 말이었다.

그러나 이후 하나의 섹스에서 다른 섹스로 이행했다는 의미를 내포하는 '트랜스섹슈얼'이라는 단어가 성별이원제 자체를 위반하고 그 경계를 '트랜스'하는 존재를 충분히 표현할 수도, 포괄할 수도 없다는 문제의식이 등장한다. 이런 한계를 극복하기 위해 대안적 용어로서 제안된 것이 '트랜스젠더'다. 트랜스젠더는 '태어날 때 지정받은 젠더와는 다른 젠더로 살기 위해 의료적 조치를 원하는 사람'으로 단순하게 정의되지 않는다. 이 용어는 "사회가 규정한 지배적 젠더 규범에 부합하지 않거나 저항하는 드래그퀸drag queen, 드래그킹drag king, 부치 레즈비언butch lesbian, 여성스러운 게이, 젠더 비순응자, 젠더 규범에 순응하지 않는 이성애자 등을 모두 포괄하는 용어"◆다. 그야말로 "모든 스펙트럼 위의 가능성"(슬릭)인 것이다.

페미니즘과 트랜스젠더 운동은 갈등과 경합, 연대의 역사 안에서 서로를 상관적으로 구성하고 또 확장하며 지속해서 변화해왔다. 페미니즘이 '젠더'를 발견하고 트랜스젠더 담론이 '트

◆　Leslie Feinberg, *Transgender Warriors: Making History from Joan of Arc to Dennis Rodman*, Beacon Press, 1996.

랜스페미니즘'의 고안과 함께 자신의 전복성을 언어화해온 과정은 이를 잘 보여준다. 따라서 "페미니즘이 트랜스젠더를 안고 가느냐 마느냐"는 제대로 된 질문이 아니다. 페미니즘과 트랜스젠더 운동은 독자적인 자리를 가지고 있으면서도 서로 분리되지 않는, 일종의 '보로메오의 매듭'처럼 얽혀 있다. 이런 관계 맺기야말로 나의 문제를 사소화하지 않으면서도 너의 문제를 함께 고민하는, 그렇게 유연한 연대체로서 '우리'의 운동을 조직하는 멀티트랙의 운동을 가능하게 한다.

2016년 강남역 여성살인사건 역시 멀티트랙의 기획이 필요한 사건이었다. 여성들은 이를 '여성혐오 살인사건'이라고 규정했지만, 일부 전문가와 공권력은 조현병 환자의 '묻지 마 살인사건'이라 주장했다. 이는 한국 사회에 쉽게 받아들여졌다. 여성혐오를 이해하는 감수성보다는 쉽게 '장애 탓'을 하는 장애혐오가 훨씬 더 강했기 때문이다. 장애혐오는 사건의 본질인 여성혐오를 가렸고, 동시에 여성혐오를 반성하지 않는 사회는 장애혐오를 더욱 강화했다. 그러나 이 비극을 통해 페미니즘은 여성혐오를 대중적인 개념으로 만들어냈고, 장애인 인권운동은 조현병에 관한 편견을 넘어서는 대항 담론을 만들기 위해 노력했다. 이처럼 각자의 영역에서 각자의 싸움을 하면서도 서로가 서로에게 맥락이 되고 힘이 되는 운동, 즉 멀티트랙의 운동은 다양한 방식으로 조직될 수 있다.

○

## 유연하게 열리고 닫히는 정치적 범주로서 '여성'을 상상하기

"섹스는 이미 젠더"라고 말하는 퀴어 페미니즘은 "성적인 차이가 없다"고 주장하는 것이 아니다. 그보다는 셀 수 없이 많은 성적 변수를 '두 개의 정상적인 섹스'로 한정하는 언어로는 인간의 다양성을 이해할 수도, 포착할 수도 없다고 이야기하는 것이다. 그러므로 퀴어 페미니즘이 젠더 개념을 통해 '여성 신체'의 물질성을 폐기하려 한다는 것 역시 오해다. 이는 각 개인의 신체성을 더욱더 구체적이고 적극적으로 고려하려는 기획에 가깝다. 마찬가지로 여성이 경험하는 차별과 폭력의 실체 역시 부정하지 않는다. 오히려 그 차별과 폭력이 어떻게 개인을 사회적으로 '여성이라는 위치'에 다시 고착시키는지 분석하고, 그에 관한 근본적인 해결책을 모색하고자 한다.

"억압받는 나는 누구인가"에 기대는 정체성의 정치는 목소리를 박탈당한 자들에게 유용한 싸움의 도구다. 그러나 역사와 문화 이전에 존재하는 본질적인 여성됨을 상정하는 것은 페미니즘 정치의 가능성을 제한한다. 정체성 정치의 힘은 정체성을 본질로 만드는 사회의 관습 자체를 질문하면서 그 경계를 열어 다른 정체성과 적극적으로 연결될 때 더 넓어지고 강해진다. 우리는 여성이라는 정체성을 침해할 수 없는 어떤 것으로 물신화하지 않으면서 가부장제에 저항하는 일종의 거점으로 삼아야 한다.

그런 의미에서 여성 정체성을 유연하게 여닫는 이중 전략이 필요하다. 이미 여성으로 식별되었기 때문에 경험하는 부정의와 불평등에 저항할 때는 '여성이라는 주어진 위치'를 중심으로 연대하되, 그 위치를 부여하는 구조와 근본적으로 싸우기 위해서는 과감하게 '여성 정체성'의 허구성을 심문하는 것. 그리하여 규정이 모호한 '여성'이라는 정체성에 특권을 부여하기보다는 수많은 주변적 위치와 손을 잡고 '함께'를 도모하는 것. 한국의 대중 페미니즘 운동은 아직 이 이중 전략을 충분히 시험해보지 못했다. 이제부터 함께 모험을 시작해보는 것은 어떨까. 아무도 짓밟지 않는 운동을 꿈꾸며 말이다.

# PART 2

# 페미니즘이 기획하는
# 포스트 코로나 사회는?

# 05.

코로나19와 재난의 불평등

자본과 남성 중심의
해법에 반대한다

김현미

신종 코로나 사태는 자본 축적과
생명 안전 사이의 모순을 보여준 정치 위기다.
위기 회복의 상상력이 다시 익숙한
경제 중심 모델이 돼서는 안 된다.
일터와 삶터에서 밀려난 사람들의 복귀와
회복을 위한 장기적 개입이 필요하다.

　영국 총리 보리스 존슨, 찰스 왕세자, 영화배우 톰 행크스, NBC 유니버설의 CEO인 제프 셸Jeff Shell 같은 유명인이 코로나바이러스감염증-19(코로나19)에 걸리면서 "감염병은 계급과 인종을 가리지 않는다"는 말이 설득력을 얻었다. 전염병의 '숙주'가 될 수 있다는 점에서 우리는 모두 평등하고 취약하다. 하지만 신종 코로나 사태 같은 재난의 영향력이 이미 존재하는 젠더·계급·인종적 불평등에 기생하며 증폭한다는 점은 간과할 수 없다.

　신종 코로나 사태는 여성과 남성에게 다른 경험을 하게 한다. 유엔 여성기구의 마리아 홀츠버그Maria Holtsberg는 "위기는 성차별을 심화시킨다"라고 말했다. 휴교와 자가격리로 인한 여성의 가사와 돌봄 노동의 급증, 가정폭력의 증가, 보건사회 분야 노동자의 70퍼센트에 달하는 여성의 감염 위험 노출, 취약한 일자리에 집중된 저소득층 여성의 해고와 강제 휴직을 예로 들었다. 불과 두 달여 간의 유예와 멈춤이 "여성의 성 역할을 50년 이전으로 퇴행시켰다고 할 정도로" 부정적인 영향을 미치고 있다.

한국 또한 '최악의 부담, 최악의 손해'라 할 정도로 여성의 상황이 심각하다. 통계청에 따르면 2020년 3월 한 달 동안 주로 요양, 돌봄, 급식, 청소, 서비스 분야에 종사하는 40~60대 중년 여성의 해고가 50~60퍼센트 이상 급증했고, 11만 5,000여 명이 실직했다. 이 수치는 2009년 이후 최대치다. 교육 서비스업에 종사하는 여성의 고용 감소율은 남성(31퍼센트)의 두 배 이상(70퍼센트)에 달한다. 여성들은 소득만으로는 월 생활비를 감당해낼 수 없는 15시간 미만 초단시간 일용직에 재취업하면서 생계를 보존하기 위해 고군분투하고 있다.

여성들은 신종 코로나 사태를 경제 문제만큼이나 감정과 몸의 쇠진과 혼란으로 경험한다. 임신 중인 여성은 최악의 의료 환경 속에서 과연 아이를 낳을 것인가 고민하며 밤잠을 설친다고 한다. 기저질환에 시달리며 감염을 더욱더 두려워하게 된 노인들을 돌보다가 기진맥진해 집에 돌아온 요양보호사 여성은 다시 생기 있고 활발한 엄마로 역할을 바꾸는 것이 감정적으로 매우 힘들다고 말한다. 재중동포 간병인 여성은 오랜 기간 돌봐온 할머니의 마지막 순간을 보지 못한 채, 중국인이라 감염시킬 우려가 있다는 이유로 바로 해고당했다.

해고와 강제 휴직이라는 노동자 지위의 상실, 가족 구성원의 임금 손실을 메우기 위해 더욱 열악한 초단시간 일자리를 수용해야만 하는 상황, 공공적 개입의 부재를 메우며 가족과 지역사회의 요구를 해결하는 연결자로서 여성은 삶의 강도 높은 위기로 신종 코로나 사태와 맞서 싸우고 있다. 여성은 돌봄자-노동자-연결자라는 다중의 역할을 수행하면서 가장 큰 부담을 지는 셈이다.

문제는 신종 코로나 사태가 여성의 노동, 공감 및 돌봄 능력에 기대어 해결되고 있지만, 정작 이들의 피해나 기여를 망각한다는 점이다. 한국 정부나 언론이 젠더 관점으로 상황을 분석하는 경우는 매우 드물다. 신종 코로나 사태가 고용 상황에 미치는 영향력에 관한 성별 분리 통계조차 제공하지 않는다. 위기와 회복 과정에서 다시 국가를 남성화하려는 것인가.

○

## 경제 중심, 남성 중심 해법으로는 재난을 극복할 수 없다

신종 코로나는 사스나 메르스처럼 주기적으로 반복되는

팬데믹pandemic이다. 팬데믹은 동식물 생태계의 지속적인 파괴, 투기성 난개발, 다국적 기업의 자원 약탈, 대규모 농업 및 육류 생산 체제로 인한 환경 파괴가 불러온 결과다. 인간 중심적인 것 '너머'의 세계가 너무나 인간적인 것에 영향을 받아 변해버린 불확실성의 시대, 즉, 인류세에서 자주 맞닥뜨릴 수밖에 없는, 우리가 불러들인 문제다.

많은 사회 비평가는 신종 코로나 사태가 약탈적인 글로벌 자본주의의 실패를 보여줬다고 말한다. 재앙은 전 세계적인 수준의 위험을 만들어내고 규모 또한 증대되는 것에 비해, 정상성 회복은 단일 국가 차원에서 이뤄진다. 말로는 '공동의 노력'을 외치지만, 각국의 정치 지도자들은 위기 상황을 진압하기 위한 규제적이고 행정적인 조치를 남발하면서 정치적 패권을 빠르게 회복하고자 한다. 이런 긴급 대책들은 익숙한 남성 정치 엘리트와 자본가의 서사를 되풀이한다. 영국의 보리스 존슨 총리는 완치 판정 후 가진 기자회견에서 "규제를 완화하고 경제에 다시 불을 지필 수 있는 때가 올 것"이라고 선언했다. 많은 시민을 죽게끔 내버려 두는 도널드 트럼프 미국 대통령의 지속적인 기만은 '위대한 국가'의 실질적 부재를 반증한다. 일본의 3·11 재난(2011년 동일본대지진)과 복구 과정을 연구한 미레 코이카리Mire Koikari는 일본 정부가 헌법, 부계 혈족주의, 군대, 스포츠 등을 통해 남성성을 강화함으로써 국가 복원력을 끌어냈고, 이것이 현재의 우경화된 아베 신조 정부를 탄생시켰다고 분석한다.◆ 일본 정부는 재난의 근본적 원인을 성찰하고 해결하기 위한 장기적 기획을 세우기보다는 국민의 두려움과 위축을 이용하여 '국가를 다시 남성화'했다. 재난의 복구는 이렇게 무모한 모험의 모습을 띨 수 있다.

코로나 방역의 모범국가로 회자되는 우리나라도 일상성 회복을 경제 회복과 동일시한다. 모든 이에게 긴급재난지원금을 제공해 소비를 활성화하여 자본가와 상공인을 살리는 것이 급선무이며, 건설이나 IT 등 기간산업에 투자하여 일자리를 만들어낸다고 한다. 1997년 IMF 사태, 2008년 금융위기 때와 비슷한 관습과 해법이 되풀이되는 느낌이다.

경제 활성화라는 추상적 가치는 늘 자본의 논리에 힘을 보탬으로써 해고, 감축, 유연화 같은 적대적 노동 관행을 부추긴다. 고용 유지나 창출이라는 대기업의 헛된 약속에 공적 자금을 투여할 때, 창출되는 안정적 고용 인원보다 수십 배에 달하는 열악한 지위의 유연 노동자가 생성되고 반복적으로 해고된다는

◆ Mire Koikari, "Re-masculinizing the nation: gender, disaster, and the politics of national resilience in post-3.11 Japan," *Japan Forum*, vol. 31, iss. 2, October 2017, pp. 143-164.

점을 우리는 경험을 통해 알고 있다. 현재의 신종 코로나 사태 해법이 여전히 생계부양자로 간주한 남성의 일자리 회복을 위해 특정 분야에 집중되고 있다는 느낌 또한 지울 수가 없다. 다른 국가와는 달리 개인이 아닌 '세대주'가 긴급재난지원금의 수령자로 지정된 것도 가부장적 관습을 드러낸다. 사유의 패러다임을 전환하지 않으면 현재의 위기를 해결할 수 없다. 우리는 경제 생산주의를 넘어서는 사유를 통해 생태 지향적이고 성평등적인 사회로 이동해야 한다.

○

## 대안적 사회 구성은 여성과 소수자의 목소리를 담아냄으로써만 가능하다

신종 코로나 사태는 자본 축적과 생명 안전 사이의 모순을 보여준 정치 위기다. 위기 회복의 상상력이 다시 익숙한 경제 중심 모델이 돼서는 안 된다. 정작 이런 위기를 불러온 글로벌 엘리트 정치-자본가의 사회적 책임과 회복의 역량을 제대로 묻기도 전에, 정상성의 회복을 경제모델로 환원하는 것은 문제가 있다. 바이러스는 최고의 결핍 상태에 놓인 사람들 속에서 똬리를 틀기 때문에, 젠더와 계급 불평등으로 취약한 위치에 있는 사람일수록 재난으로 인한 부담을 더 많이 진다. 이런 문제를 만들어 낸 정치-자본가의 이해관계가 다시 독점적 해법이 되는 것은 정의롭지 못하다. 몇 개월 동안 정지와 유예 상황을 견뎌낼 자원이 없어 일터와 삶터에서 밀려난 사람들의 복귀와 회복을 위한 장기적 개입이 필요하다.

조급한 경제 조치와 더 나은 사회를 위한 기획은 구별해야 한다. 산업자본주의 시대의 건설, 항만, 교통 등의 기간산업이나 무조건적인 미래주의의 상징인 IT와 디지털 산업에 공공자원을 투자한다고 해서 위기가 매끄럽게 봉합되지 않는다. 기간산업이나 사회간접자본의 의미가 변해야 한다. 즉 사회가 건강하게 재생산되는 데 필요한 생태계의 회복과 인간의 생명, 건강, 교육, 가치관, 돌봄 등에 관여하는 사회적 개입과 투자를 늘려야 한다. 이것이 사회적 재생산 모델이다.

재난이 발생할 때마다 우리가 확인하는 진실은 인간이란 돌봄과 가치를 추구하는 존재이고, 개인의 희생이 아닌 협력적 공공의 개입을 통해 돌봄이 이뤄질 때 가장 공평하다는 것이다. 문제는 생명과 생태계를 돌보는 노동의 가치가 여전히 다른 노동에 비해 저평가되고, 이런 노동을 여성이나 이주자의 일로 본질화한다는 점이다. 환경, 보건의료와 교육 분야는 삶의 질도 높이고 양질의 일자리를 만들어낼 수 있다. 예를 들어 의료진, 보건의료행정, 요양, 간병, 위생 등을 모두 포괄하는 공공보건의료 시스템의 설계, 공교육·사교육과 탈제도화된 교육을 연결하는 시공간적 통합 교육 시스템의 구성을 통해 여성의 일자리를 전문화·안정화하는 동시에 성별 분업을 해체할 수 있다.

포스트 코로나post-corona의 대안적 사회 구성은 이제까지 들리지 않았던 여성과 소수자의 목소리를 담아냄으로써만 가능하다. 이들의 경험과 희망이 직업의 재설계와 대안적 사회 기획에 반영될 때, 인간과 동료 종의 공존, 인간 사이의 평등에 다가설 수 있다. 국가는 사회적 거리 두기라는 시민 윤리를 강조하는 만큼, 생태계와 황폐해진 인간의 삶을 회복하기 위한 대안적 기획을 선포해야 한다.

# 06.

## 재난 앞에 선 여성 노동자

### 팬데믹 시대의 최전선에서
### 분투하는 이들을 위하여

신경아

팬데믹 사회에서 여성 노동자는
위험과 맞서는 전투의 최전선에 서 있다.
의료인, 돌봄 노동자, 교사,
조리사와 서빙 노동자, 콜센터 노동자.
모두 우리의 안전과 일상생활을 지속하는 데
꼭 필요한 사람들이다.
이들 노동자는 팬데믹 시대에도 쉴 수 없다.

2020년 3월 13일 AFP 통신은 이마와 코, 뺨에 반창고를 붙인 한국 간호사들의 사진을 보도했다. 오랜 시간 방호 안경과 마스크를 착용하느라 피부가 벗겨지고 물집이 생긴 부분을 보호하기 위해 군데군데 반창고를 붙인 그들의 얼굴은 코로나19와의 싸움에서 최전선에 선 이들이 누구인가를 생생히 드러냈다. 전 세계적으로 유명해진 이 사진은 한국의 성공적 방역의 원인을 공중보건체계나 정치적 리더십에서만 찾아서는 안 된다는 사실을 증명해주었다. 대규모 감염병이 유행하는 시대에 여성 노동자들은 어디 있으며, 팬데믹 시대 이후 그들의 노동과 삶의 조건은 어떻게 달라져야 하는가.

　한국은 물론이고 유럽과 미국의 TV와 신문, 인터넷 뉴스가 쏟아내는 수많은 사진 속에서 여성은 간호사로, 의사로, 휴교로 집에 갇힌 아이들을 돌보는 재택근무 노동자로 등장한다. 의료 노동자들은 기본적인 휴식과 수면시간을 줄이며 인력과 개인보호장비PPE, personal protective equipment의 부족 속에서 코로나19와 맞서고 있다. 워킹맘들은 집이든 직장이든 넘치는 일과 늘어난 돌봄을 감당하느라 몸과 마음이 지쳐가고 있다.

우리의 눈은 그들을 '여성 노동자'로 구분해서 보지 않지만, 사진 속의 그들은 '여성 노동자'이기에 수행해야 하는 일을 한다. 그들은 '여성 노동자'라고 따로 호명되진 않지만, 그들이 짊어진 짐은 '노동자'라는 이름에만 담길 수 없는 또 다른 부피를 지닌다. 여성들의 어깨에 걸린 짐의 무게는 코로나19 이전 불평등한 노동조건과 코로나19 시대 위험의 두께가 겹쳐진 것이다.

○

## 재난의 최전선으로
## 내몰린 사람들

팬데믹 사회에서 여성 노동자는 위험과 맞서는 전투의 최전선에 서 있다. 대규모 감염병에 맞서 환자를 치료하고 돌보는 의료인, 요양원과 병원 등 집단거주 시설의 돌봄 노동자, 긴급돌봄 교실에서 아이들을 보호하는 교사, 음식을 만들고 먹을 수 있게 해주는 수많은 식당의 조리사와 서빙 노동자, 사회적 거리 두기로 인해 늘어나는 상담 업무를 수행하는 콜센터 노동자. 모두 우리의 안전과 일상생활을 지속하는 데 꼭 필요한 사람들이다. 로버트 라이시Robert Reich 미 캘리포니아대학 버클리 캠퍼스 교수가 말한 것처럼, 이들 노동자는 팬데믹 시대에도 쉴 수 없다. 그리고 이런 필수적인 노동을 수행하는 사람들 가운데 여성이 많은 것 또한 새삼스러운 사실이 아니다.

이런 최전선의 여성 노동자들은 위험에 더 노출되어 있다. 중증급성호흡기증후군SARS(사스)이나 에볼라에 감염된 여성 간호사들의 사례는 유엔이나 국제여성단체를 통해 알려져 왔다. 코로나19의 전 세계적 유행 역시 여성 노동자의 상황을 가장 집약적으로, 또 폭발적으로 보여주는 사건이다. 그리고 이 사건에서 여성 노동자의 조건을 규정하는 요인은 생물학적이기보다 사회학적이다. 그들이 여성이란 사실보다 그들이 놓인 '사회적 위치'가 더 문제이기 때문이다. 최근 세계보건기구WHO를 비롯한 국제기구와 의료보건 분야 전문가들은 여성들이 전통적 성역할로 인해 코로나19에 더 자주 더 강력하게 노출될 수 있다는 경고를 보내고 있다.

첫째, 전 세계적으로 보건의료 인력의 75퍼센트 이상을 구성하는 여성 보건의료 노동자의 상황이다. 특히 간호사와 간병인은 환자와 자주 밀접하게 접촉한다는 점에서 코로나19 위험에 가장 가까이 노출돼 있다. WHO의 보고서에 따르면 사스 확산 당시 감염자 8,000여 명 중 절반이 여성이며, 그중 21퍼센트가 보건의료 노동자였다. 한국에서도 보건의료 인력의 대다수가 여성이며, 간호사와 간병인처럼 더 오래 더 자주 환자를 대하는 업무는 대부분 여성이 수행한다. 이달 초 국제간호사협의회ICN는 코로나19 확진 판정을 받은 간호사가 9만 명에 이르며, 260여 명이 사망한 것으로 추정된다고 밝혔다.

둘째, 여성 보건의료 노동자의 낮은 지위다. 2020년 3월 중순 경북 청도군 대남병원 정신병동에서 간병 노동자가 환자에게 감염돼 생명을 잃었다. 당시 민주노총 의료연대본부는 입장문을 발표하고 "간병 노동자들에게 마스크 지급을 의무화하라"고 주장했다. 대학병원에서조차 간병 노동자들은 신종 코로나 사태 발생 이후 병원으로부터 마스크가 지급되지 않았다고 한다. 간병 노동자들은 병원 직원이 아니기 때문이라고 병원 측은 주장했다. 간병 노동자들은 노동자 지위조차 인정받지 못해왔음을 알 수 있다. 환자와 생활을 같이하는 일상에서 24시간 감염 위험에 노출돼 있지만, 노동자로서 받아야 할 기본적인 보호와 안전조차 주어지지 않는 것이다.

○

## 재난의 극복은 여성 노동자를
## 인정하는 데서 시작해야 한다

　의료 노동자만 코로나19 시대의 최전선에 있는 것은 아니다. 질병 감염 위험 외에 실직이나 빈곤 같은 사회경제적 위험과 벌이는 싸움에서도 여성은 최전선에 있다. 여기서도 여성이 수행해온 일의 특성이 작용한다. 소위 '대인 서비스 업무'를 수행하는 노동자 대다수는 여성이다. 대인 서비스 노동은 상품이나 서비스 판매의 최전선에서 소비자와 직접 접촉하며 고객의 욕구를 읽고 충족시키는 일이다. 관행상 여성은 의사소통에 능하고 인내심이 강하며 섬세하다는 이유로 이런 업무에 배치돼왔다. 직업 분류에서는 '서비스직'과 '판매직'이 여기에 속하지만, 다른 직종에서도 고객을 직접 대하는 업무이기도 하다. 그리고 이런 업무에는 여성이 주로 배치된다. 재가 및 시설의 요양 노동자, 여행 안내원, 식당과 카페의 서빙 노동자, 다양한 유형의 판매직, 콜센터 텔레마케터, 민원 처리 업무나 고객 담당 부서의 사무직원도 이에 속한다.

　이런 일을 하는 사람들은 신종 코로나의 확산으로 이중적인 위험에 노출된다. 먼저 사람들을 직접 접촉하는 만큼 감염의 위험도 커진다. 또 감염병 확산을 막기 위한 경제적 봉쇄나 사회적 거리 두기를 시행하는 과정에서 이들의 일자리가 가장 먼저 사라질 수 있다. 통계청의 2020년 2월 고용동향에 따르면, 2월 한 달 동안 급증한 일시 휴직자 61만 8,000명 중 여성은 62.8퍼센트(38만 8,000명)에 달했다. 주로 교육서비스업(20만 명), 도·소매업(4만 명), 숙박·음식업(2만 9,000명)에서 일시 휴직자가 발생했다. 그 결과 지난 3월 기준으로 일시 휴직자는 160만 7,000명에 이르며, 남성이 55만 9,000명, 여성이 104만 8,000명으로 전년 동월 대비 각각 293.2퍼센트, 411.9퍼센트 늘었다. 고용률 사정 역시 비슷하다. 2020년 3월 현재 여성 고용률은 전년 동월 대비 1.0퍼센트 하락했고(남성은 0.8퍼센트), 같은 시기 실업률은 0.3퍼센트 높아져 0.2퍼센트 감소한 남성 실업률과 대조적이다. 여성 취업자는 한 달 새 17만 5,000명이 줄었다(남성은 5만 3,000명). 이 추세는 4월까지 이어져, 한국노동사회연구원은 2020년 2~4월 사이 신종 코로나 사태로 여성 취업자가 62만 명, 남성 취업자가 40만 명 감소했다고 밝혔다. 현재 진행 중인 신종 코로나 사태는 여성의 일자리에 훨씬 더 부정적인 영향을 끼치고 있음을 확인할 수 있다.

신종 코로나 사태 이후 여성 노동자의 위치는 어떻게 달라져야 하는가? 여성학자 낸시 프레이저Nancy Fraser의 논의를 빌려 세 가지를 제안하고 싶다. 첫째, 여성 노동자에 대한 사회적 인정이다. 한국 사회에서 여성 노동자는 이제 주변적인 존재가 아니다. 팬데믹 시대의 최전선에서 싸우는 사람들이다. 둘째, 이런 사실의 인정을 토대로 여성 노동자의 경제적 조건을 개선해 가야 한다. 성별로 직무가 구분되는 차별적 관행을 폐지하고 성별 임금 격차를 줄여가야 한다. 돌봄 노동처럼 여성이 집중된 직종의 임금수준도 대폭 개선해야 한다. 셋째, 여성 노동자의 목소리가 국가 정책 결정 과정에 적극 반영되어야 한다. 코로나19 대응책으로 그동안 진행된 정부의 논의 과정에서 여성 노동자의 목소리는 어디에도 없었다. 그래서 휴직자와 실직자 중 여성이 훨씬 더 많지만 사회문제로 떠오르지 않았다. 이는 분명 국가에 의한 체계적 차별이고 불평등의 묵인이다. 신종 코로나 사태 이후 한국은 어떤 사회로 변화할 것인가. 성평등한 사회를 바란다면 지금부터 진지하고 솔직한 토론을 시작해야 할 것이다.

# 07.

감염병과 약한 자들의 페미니즘

**불안을 마주하는
더 나은 방법을 고민하기**

**전희경**

아프면 쉬는 사회는
저절로 오지 않는다.
아픈 사람들, 손상과 노화를 겪는 사람들,
돌보는 사람들의 자리에서
분석과 모색을 시작할 때 가능하다.

"매독은 영국인들에게는 '프랑스 발진'이었으며, 파리 사람들에게는 '독일 질병', 피렌체 사람들에게는 나폴리 질병, 일본인들에게는 중국 질병이었다." 수전 손태그Susan Sontag가 《에이즈와 그 은유AIDS and Its Metaphors》에서 15세기 유럽을 휩쓴 감염병 매독을 묘사한 구절이다. 그리고 지금 여기. '우한 폐렴'이라는 명명부터 '신천지', '대구 경북', '해외입국자'를 지나 '이태원 클럽'까지, 우리는 감염병을 '그들에게서' 온 것으로 돌리려는 강력한 사회심리적 충동을 목격하고 있다. 그래서, 우리는 더 나아지고 있는가? 또는 '나아진다'는 것은 정확히 무엇을 의미하는가? 나만은 절대 감염되지 않는 것?

코로나19 이전으로 돌아갈 수 없다는 이야기와 함께 소위 '뉴 노멀new normal'에 관한 무수한 담론이 쏟아지지만, 자세히 살펴보면 그중 상당수는 전혀 새롭지 않다. 원격의료 추진 움직임이 그렇고, 재택근무와 '노동유연화' 논의도 그렇다. 무엇이 어느 방향으로 새로워져야 하고 무엇이 변함없이 지켜져야 하는지, '정상'과 '비정상'의 관계는 어떻게 다시 설정되어야 하는지를 근본적으로 되묻지 않는다면, 애초에 2000년대 제1세계 투자자와 경영자 들이 고안한 용어였던 '뉴 노멀'은 그저 또 다른 권력의 용어로 남을 것이다. "코로나19는 위기이자 새로운 기회"라는 말을 낭만적으로 쓰지 않기 위해, 아픈 사람들, 돌보는 사람들, 가장 비가시화되고 가장 타자화되며 가장 반복적으로 잊혀 온 사람들에게 주목할 필요가 있다.

○

## '그들 탓'이라는 쉬운 분노에서
## '공동의 문제'라는 새로운 인식으로

지난 몇 달 동안의 코로나19 확산 과정은 재난도, 재난 대책도 절대 평등하지 않다는 것을 거듭 보여주었다. 청도대남병원과 요양병원 집단감염, 밀집된 자리에서 휴식도 없이 일해야 했던 콜센터 노동자들의 노동조건, 사회적 거리 두기로 인해 즉각적 위험에 처했던 중증장애인, 병원이 고용한 직원이 아니라는 이유로 마스크조차 지급되지 않았던 간병 노동자, 대책 없이 해고된 요양보호사, 이주민들에게는 닿지 않았던 안전안내문자, 방역의 핵심인 검사 자체를 두려워하게 만드는 성 소수자 혐오. 열거하자면 끝이 없고, 연루되지 않은 시민을 찾기 어려울 정도로 광범위하다. 이런 상황에서 '인권'을 '배부른 소리'로 치부한다면, 그것이야말로 '배부른 위치'에서 하는 생각일 것이다. 모두를 안전하게 하지 못하는 안전조치는 사실상 누군가에 대한 차별조치가 된다.

건강 약자의 존재는 사회의 불평등뿐 아니라 우리 모두의 근본적 취약성을 일깨우지만, 그 취약성을 직면하고 수용할 수 있는 우리의 역량은 매우 부족하다. '여성'이 정치적 구성물이 아니라 '자연적 성차'로 본질화되어왔던 것처럼, 질병과 늙음 또한 지극히 개인적이고 탈정치적인 '생물학'의 문제로 여겨져왔기 때문이다.

약자의 인식론이자 더 정의로운 사회에 관한 정치적 상상력으로서 페미니즘은 '약함'에 대한 우리 사회의 거리 두기와 본질화를 질문한다. 단지 (저 멀리 있는) 콜센터 노동자의 열악한 노동 현실을 개탄하고, (나와는 무관한) 요양보호사의 해고를 걱정하는 것으로 충분한가? 관건은 '누구나 감염될 수 있다'는 취약성을 어떻게 ('그들'이 아닌) 우리의 문제, 공동의common 기반이자

공적인public 의제로 바꿀 것인가에 있다. 분노나 개탄은 비교적 쉽다. 그러나 코로나19 이후를 만들어가는 것은 제도와 문화, 경제체제의 변화뿐 아니라 우리 자신의 변화까지 요구한다. 코로나19가 드러낸 인간의 취약성과 '나만 건강한' 것이 불가능한 근원적 연결성은 지금 우리가 함께 토론해야 할 거대한 질문이다.

코로나19가 드러낸 또 한 가지는, 돌봄은 언제나 위기였지만 잘 감춰져 있었을 뿐이라는 사실이다. 돌봄 노동이 '잠시 멈춤' 하자마자, 가족의 안과 밖 모두에서 곧바로 비명이 터져 나왔다. 그리고 그 비명들이, 돌봄은 '잠시 멈춤'이 불가능하다는 것을 새삼스럽게 환기시켰다. 돌봄은 삶과 생명을 지탱하는 데 꼭 필요한 요소이기 때문이다. 중증장애인이 자가격리자가 되자 바이러스보다 먼저 삶을 위협한 것은 돌봄의 중단이었다. 요양병원이나 어린이집 등 '돌봄을 사회화'한 장소라 여겨졌던 곳이 더 먼저 문을 닫고 더 많이 감염되고 더 빨리 격리됐다.

가족을 돌보는 시민 중 80퍼센트 이상, 간병인 등 가족 밖에서 일하는 돌봄 노동자 중 90퍼센트 이상이 여성이다. 돌봄이 단어 자체만으로도 많은 여성에게 지겹고 부담스러운 이유는 명백하다. 돌봄과 무관한 인간은 없다. 무관한 척 살도록 허용하는 부정의한 구조가 있을 뿐이다. 코로나19의 경험은 인간의 취약함과 서로에게 건강을 빚진 연결성을 환기함으로써 이 오래된 돌봄 부정의를 변화시키는 공적인 계기가 돼야 한다.

우리가 목격한 놀라운 장면이 있다. 대구로 달려간 보건의료인들, 마스크와 소독제를 나눈 시민들, 자가격리자를 함께 돌본 이웃들. 이제 이런 장면이 한때의 감동으로 휘발되지 않게 하는 집단적 의지와 역량이 필요하다. 돌봄을 '사회화'한다는 것은 단지 여성들이 집에서 해온 무급노동을 집 밖에서 돈 받고 하는 것 이상이어야 하고, 기업이 아니라 국가가 여성을 돌봄 노동자로 고용하는 것 이상이어야 한다. 지역사회 감염이 계속되면서 '어디도 안전하지 않다'는 불안과 피로가 누적되고 있다. 어디도 안전하지 않다면, 답은 모든 곳을 안전하게 만드는 것뿐이다.

○

## '아프면 쉬는 사회'는
## 어떻게 오는가

'아무도 감염되지 않는 것'이 아니라 '누구나 감염될 수 있다는 것'이 기준이 되는 사회라면 어떨까? 지금 두려운 것은 단지 감염 자체가 아니다. 감염이 차별의 이유이자 결과가 되는 것, 계속해서 비난할 '그들'을 지목하고 낙인찍는 것이야말로 공포다. "아프리카에서 코로나19 백신을 실험하자"고 주장한 프랑스 의료전문가들의 발언에 경악했다면, 바로 그 감각이 갈림길이다. 이 경악의 감각이 단지 'K-방역'에 대한 자부심으로만 끝나는 것은 허무하다. 우리는 결코 사회를 거대한 음압병실처럼 '위생처리'할 수 없기 때문이다. 2019년 통계청 발표에 따르면 2018년에 태어난 한국인의 기대수명과 건강수명의 차이는 평균 18.3년이다. 한국은 2025년에 초고령사회가 된다. 무병장수는 개인의 순진한 꿈일 뿐 아니라 사회변화를 가로막는 끈질긴 환상이다.

아프면 쉬는 사회는 저절로 오지 않는다. 아픈 사람들, 손상과 노화를 겪는 사람들, 돌보는 사람들의 자리에서 분석과 모색을 시작할 때 가능하다. 모든 인간의 취약성과 의존성을 기본값으로 하는 사회. 이것은 '국민체조' 이후 젊고 건강하고 생산적인 몸을 규범화하고 '쓸모'를 중심으로 존엄성을 차등해온 국가와 자본 중심 건강관에서 벗어나는 것을 의미한다. 나아가 누구도 서로를 돌볼 책임에서 면제될 수 없도록 가족과 경제를 재구조화하는 젠더 정의의 실현을 의미한다.

지난 3월 청도대남병원에서 제대로 된 정보나 보호장비 없이 일하던 간병인이 환자와 함께 사망한 사건은 '답 없어 보이는' 문제를 제기했다. 우리는 서로를 '감염원'으로 여기기 쉬우며, 권력 구조의 하층에 있는 이들일수록 이런 상황에 더 많이 놓인다. 요양보호사와 환자가 서로를 '바이러스 옮길지도 모르는 사람'으로 여긴다. 그 결과 요양보호사는 해고되고, 환자는 위험에 처하며, 보호자는 직장에 휴직계를 내고, 그의 직장 동료는 격무에 시달리다 병을 얻는다. 건강과 안전이 어느 한쪽만 얻을 수 있는 희소 자원으로 오인되면 결국 모두가 위험해진다. 인권이 그러하듯 건강과 안전 역시 제로섬 게임이 아니다. 페미니즘은 '여성을 위해주자'라거나 '여성도 이겨보자'는 것이 아니라, 승패를 넘어서는 완전히 다른 사회, 약한 사람이 아무것도 '극복'하지 않아도 잘 살 수 있는 삶을 상상하자는 제안이라는 것을 기억하는 게, 그래서 중요하다. 코로나19 이후를 다르게 만드는 힘은 '각자 강해지는 것'에서가 아니라 서로의 약함을 돌보고 책임지는 것에서 나온다.

페미니스트 역사학자 조앤 W. 스콧Joan W. Scott은 《페미니즘, 위대한 역설Only Paradoxes to Offer》이라는 책을 쓴 바 있다. '역설', 말하자면 '기울어진 운동장'에서 살아가는 약자들은 서로 모순돼 보이는 과업을 동시에 추구할 수밖에 없다는 것이다. 기울어진 운동장에서 똑바로 서려는 노력과 운동장의 기울기 자체를 바로잡으려는 노력. "여성의 눈으로 세계를 보자"고 주장하면서 동시에 "여성의 본질 같은 것은 없다"고 주장하는 것.

생각해보면 페미니즘 운동의 긴 역사에서 '역설'이 제거된

적은 없었다. 그렇다면 코로나19 이후의 사회를 위해 우리는 이렇게 말할 수 있지 않을까? 건강을 추구하는 동시에 건강 규범을 해체하는 것. 그래서 인간의 취약성과 의존성을 포함하는 방식으로 '건강'을 다시 정의하는 것. 백신과 치료를 위해 힘쓰는 동시에 확진자를 '바이러스 숙주'가 아니라 치료와 돌봄이 필요한 동료 시민으로 인식하는 것. 철저한 방역을 위해 합심하는 동시에 '완벽한 통제'의 불가능성을 인정함으로써 우리 자신을 혐오와 배제의 물살로부터 구해내는 것. 이런 것들을 위해 함께 토론하고 나아가자고.

# 08

# 방역 감시 사회의 키스와 섹스

## '정상' 강제 사회에서
## 성 소수자의 자유를 옹호하며

**최현숙**

스스로 포기하거나 국가로부터 배제당한 김에
차라리 더 자유로워지자.
사랑이니 행복이니 하는 모호한 미명에 속아
기껏해야 핏줄과 돈 물려주기에 온 생애를 전전긍긍하다
결과적으로 자본의 노예 신분이나
대물림하고 죽는 이성애자들 세상에서,
성적 난민이자 비체는 더 근본적이고 실존적인
성찰과 실천을 모아나가자.

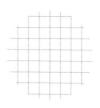

아닌 게 아니라 엄중하고 지루한 비대면 시절에 섹스는 어쩌고들 있는지 온라인 설문조사라도 나서고 싶은 터였다. 공공연하고 은밀하게 자행되는 최고의 밀착행위에 관해 방역 당국의 물리적(사회적) 거리 두기 세부 지침이 없다는 사실이 무척이나 이상했다. 비말이 가장 위험한 감염경로라니 최소한 '키스 금지령'이라도 나오겠지 하고 고대했다. "코로나19 팬데믹이 가라앉을 때까지 모든 시민은 자위自慰로 대체하라!"는 비상령을 내리고, 경찰과 공무원에 갖은 IT 신기술을 동원해 낮이고 밤이고 교접 현장을 색출해야 했다.

웬만한 건 다 재택으로 밀쳐지는 마당에 사람들은 집 안에 들어앉아 어떻게 살고 있을까 도무지 의심스러웠다. 하긴 아이들도 재택이니 걔네가 좀 보초를 서주지 않을까? 하지만 모두

알다시피 가정이라는 게 여러모로 자연재해이자 천재지변의 온상 아닌가. 그러니 "가정에 머물라!"는 방역 방침은 심각한 오류로 평가돼야 한다. "2미터 간격을 두고 걸을 수 있을 때까지 계속 걸어라!"가 최고의 방침이었지 싶다.

○
## '가정에 머물라'가
## 방역 방침이라니?

거리 두기 완화 조처가 맞고 틀리고를 떠나 사실 아슬아슬한 폭탄 돌리기다 싶었는데, 하필 폭탄은 엉뚱한 데서 터졌다. 수많은 이성애자의 '사랑하는 가족' 간 밀착 확산 사태가 좀 수습되어가던 4월 말 5월 초 연휴에, '젊은 것'들이 이태원과 강남으로, 클럽과 노래방으로 떼를 지어 몰려다니다가 터졌다는 거다. 이때다 싶은 한 언론사는 코로나19 재확산이 염려된다면서 5년 전에 써두었던 '블랙 수면방'에 관한 기사를 올렸다. "TV, 음료수 자판기, 재떨이 등이 있는 평범한 휴게실로 보였다. 입구 옆에 놓인 콘돔과 젤이 한가득 담긴 바구니를 발견하기 전까지는 그랬다. …… 마음에 들면 건드려보고 반응이 있으면 관계를 하고, 거부하면 다른 방으로 간다." 문란紊亂은 고사하고, 더없이 공정하고 뒤끝도 깔끔하다. 이성애자들도 딱 이렇게만 동의를 묻고 합체 여부를 결정하시라.

2002년 대통령 선거 당시 노무현 후보의 공약이었던 차별 금지법은 아직 까마득하고, 2017년 대선 후보 시절 성 소수자 의제를 '나중에'로 미뤘던 문재인 대통령은 임기가 반이 넘도록 꿈쩍도 안 하고 있다. 그런데 2020년 5월 정세균 총리는 "특정 커뮤니티에 대한 비난은 '적어도 방역 관점에서는' 도움이 되지 않는다"는 알량한 말을 해야 했던 걸 보면, 코로나19가 나름 또 할 일은 한 거다. 그즈음 한국게이인권운동단체《친구사이》소식지에 실린 칼럼 〈자가 격리의 계보〉 일부를 수정해 옮긴다.

"왜 우리의 시민 의식은 우리의 부재로 증명되어야 하나. 착하고 순종적인 시민이 되고 싶어 종로도 이태원도 번개도 끊고 살겠다는 어느 익명 게시판 글이 떠오른다. 쓰레기 언론과 달리 방역의 대상으로라도 비로소 호명해주는 방역 당국에 대해 짐짓 감격하는 마음이 생겼던 게, 생각해보면 비참하다. …… 누군가에게는 자칫 직장과 가족과 사회에서의 입지가 결딴날 수 있는 변수가 그들에겐 그저 행정상의 골칫거리다. 카드 사용 내역으로 밀접 접촉자로 분류되어 자가 격리를 통보받자 우선 공포가 엄습했던 것도, 뒤늦게 실소가 터진다. 이 모든 웃음 포인트를 넘어 우리

끼리 안 만나는 게 지고지순의 방역 대책이자 시민 의식이라면, 그 지엄한 명을 못 이기는 척 따라주는 수밖에. 격리 2주를 넘긴 오늘 나는 왜 홀로 하염없이 종로를 걷고 있을까. 내게 죄가 있어 종로 사거리 클럽 앞에 목이 매달려야 한다면 차라리 속이 시원하겠다. 자책도 마음대로 할 수 없는 이 검은 밤 같은 시국이 그저 아연하다."

○

## 방역을 기회 삼은
## 생체권력

코로나19가 시작된 지 7개월이 지나고 있다. 위험 사회의 수많은 사례에도 끄떡없던 시민과 사회가 전 세계적으로 전 분야에서 뒤집어지는 걸 보면, 코로나19는 파괴력과 전파력에서 가히 최고의 팬데믹이다. 없는 이들 세상에서 벌어지는 온갖 사고를 남의 일로만 치던 가진 자들조차 이번에는 '우리는 모두 연결'이니 공존 어쩌고를 찾으며 없던 인류애라도 샘솟듯 수선을 떠는 것은, 순전히 자신과 가족에게 닥칠 생명의 위협에 대한 두려움에서다. 기후 위기로 인한 세기말의 재앙이 어디서 폭발하려나 하던 차에 하늘(오존층)도 땅(지진과 산불)도 바다(빙하)도 제치고, 1/1000밀리미터의 미세한 바이러스가 방아쇠를 당겼다. 편리와 풍요의 쓸모가 정지되고 위험이 일상이 된 사회에서, 시민들은 최첨단 IT 기술을 동원한 전면적 감시에 감사와 복종을 바치고 있다.

CCTV, 신용카드 사용 내역, 휴대전화 위치 추적과 통화 지역 추적, 전자출입명부(QR코드), 택시 미터기 등을 통한 감시는 이미 익숙해진 터였다. 언제 어디서나 자유롭게 접속할 수 있는 유비쿼터스는 언제 어디서든 감시와 밀고와 폭로의 장을 만들고 있다. 2015년 메르스 사태 이후 두 차례의 개정을 거친 "감염병의 예방 및 관리에 관한 법률"과 오는 8월부터 시행될 데이터 3법(개인정보 보호법, 신용정보법, 정보통신망법)은 방역과 긴급 이후에도 남아 온갖 목적으로 시민을 감시하고 통제하면서 국가보안법을 능가하는 국민감시법이 될 것이다. "근접감시over the skin에서 밀착감시under the skin"로 혁신하여 몸에 들러붙은 채 감시하는 생체권력은 시민의 병증과 체온과 혈압과 심박수, 소비 성향과 정치 성향을 넘어 슬픔과 분노, 쾌락과 친밀감, 성적 지향과 성별 정체성, 성애의 대상과 장소, 오르가슴의 경로와 강도와 성공 여부까지 알아낼 거다.

K-방역의 와중에 잠시 밀쳐놓고 있는 국가 최고 과제 하나는 저출산 문제다. 저출산은 일단 더 심해질 것으로 본다. 젠

더 불평등에 대한 여성들의 불복종 및 청년 세대의 경제적 어려움이 원인인 3비(연애와 결혼과 출산을 하지 않음) 추세에 더해, 코로나19 팬데믹은 태어나자마자 마스크부터 써야 하는 듣도 보도 못한 새로운 위험 사회로 인류를 밀어 넣었다. 아기에게는 묻지도 않은 채 이런 놈의 세상에 사람을 낳는 일은 우선 아이에게 무책임한 처사다. "저 먹을 거는 제가 가지고 태어나니 일단 낳아라" 하던 그 옛날 배곯던 노인들의 무책임은 댈 것도 못 된다.

이에 관해 국가는 양육에 관한 사회적 책임 확대를 대대적으로 선전하면서, 한편으로는 자본과 국가를 떠받쳐줄 근로자와 납세자를 생산하지 않거나 양육 책임을 제대로 짊어지지 못하는 성적 비체를 향한 차별과 배제를 은밀하게 확장할 것이다. 동성애자, 성전환자, 무성애자, 비혼 등 출산 의사가 없거나 가능성이 낮은 사람들과 성 판매자에게는 음란과 무책임과 불법의 낙인이 더 심해질 테고, 장애인과 노숙인과 이주민 등 비건강과 빈곤과 경계 밖 사람들의 섹스와 출산은 더 지지받지 못할 것이다. 게다가 위험과 불안 사회에서는 더 위험하고 쓸모없다고 여겨지는 사람에게 혐오와 감시와 소문이 몰리며, 밀고와 폭로가 횡행할 것이다.

허다한 이성애자들의 온갖 곳에 널린 룸살롱과 클럽을 통한 코로나 확산에는 경제나 걱정하면서 딱히 '게이들만'도 아니었던 '이태원 코로나'를 틀어쥐고 난잡亂雜이니 창궐猖獗이니 들 먹이는 증상이야말로 성 규범에 뇌를 붙들린 이성애자들의 치료 불가능한 혐오 병증이다. 유흥업소 확진자들의 동선이 공개되면서 성 판매 여성들에게 '코로나 증상이 있으면 무조건 잠적하라'는 지침이 암암리에 내통된 것도, 생각과 행위로는 온갖 '비정상'을 탐하면서 입과 법은 '정상'을 무한 반복해야 살아지는 표리부동한 이성애자들 세상 속 은폐된 서바이벌 현장이다.

○

## '이태원 코로나'라는
## 혐오를 넘어

자본주의와 가족 중심의 이성애 체제 바깥 성적 난민들이 결혼과 출산과 연애를 거부하거나 포기하거나 지지받지 못한다고 해서 성애적 욕망까지 포기하거나 제거할 수는 없다. 오히려 이들의 욕망과 실천은 더 자유로워져서, 아닌 척하면서 누구나 꿈꾸는 하룻밤 정사와 성욕 해소와 친밀감을 위한 섹스는 늘어날 것이다. 이성애적 가족주의와 1 대 1의 폐쇄적 관계에 발목 잡히지 않는 다양한 성적 비체는 관계 지속의 길이나 성욕 유무나 정체성의 차이를 넘은 창발적인 관계와 연결을 시도하고 도전하며 변태하면서 생체권력의 통제와 '건전한' 시민들의 감시와 밀고와 폭로를 피하고 무시하고 뚫어내다 때로는 걸려들기도 하면서, 더 '문란하게' 확장해갈지 모른다. 아니 확신한다.

그러니 스스로 포기하거나 국가로부터 배제당한 김에 차라리 더 자유로워지자. 사랑이니 행복이니 하는 모호한 미명에 속아 기껏해야 핏줄과 돈 물려주기에 온 생애를 전전긍긍하다 결과적으로 자본의 노예 신분이나 대물림하고 죽는 이성애자들 세상에서, 성적 난민이자 비체는 더 근본적이고 실존적인 성찰과 실천을 모아나가자. 자연스럽네, 인간의 도리네, 창조 질서네 운운하는 것들에 관한 의심에서 출발하자. 자본주의가 세뇌한 돈과 효율과 성공의 진위도 적극적으로 의심하고, 국가와 의료 산업이 선전해대는 위생과 보건과 질병도 꼼꼼하게 되짚으며, 종교와 실버산업이 합작해 퍼뜨린 나이 듦과 죽음에 관한 헛소문과 두려움도 떨쳐내면서, 근본으로 돌아가 도대체 왜 사는지부터 자신에게 제대로 묻자. 답과 실천을 함께 찾아나가며 다양한 비체, 난민과 함께 연결과 돌봄과 순환을 확장해가자. 그러다가 죽으면 그야말로 이보다 더 좋을 순 없는 삶이 아닌가.

코로나19도 넘어서 갈 데까지 가보라지. 너희가 세상을 어떻게 망쳐놔도, 우리는 우리 소신을 살며 우리 세상을 확장하리라. 정상 가족과 정상의 성에 발목 잡히지 않은 존재들이 만들고 확장해낼 진정한 뉴 노멀과 혼돈을 기대한다. 한 쪼가리의 희망조차 없는 빌어먹을 세상을 살아내는 수고는 우리 세대에서 끝내자. 수고에 딸려오는 보람과 즐거움이 아까워 다음 세대에도 물려주고 싶다면, 그 과제는 대대손손 그랬고 우리도 그렇게 태어났듯 '건강한' 이성애자들이 자발적으로 떠안다가 기특하게도 문득문득 낳고 키울 '불온한 비체'들에게 기대를 모아보자.

# 09.

한국판 뉴딜을 넘어
페미니스트 그린 뉴딜

## 재난과 단절의 세상을 위한 해법

장이정수

'어떤 피도 우리를 멈출 수 없다'도 맞지만,
'피가 나면 멈출 수 있어야 한다'도 맞다.
자연은 각자의 자리와 몫이 있고,
다양하고 지역적이고 연결되어 있다.
페미니스트 그린 뉴딜은 생태주의에 기반해
더 많은 노동과 소비를 넘어
새로운 경제와 공동체를 상상해야 한다.

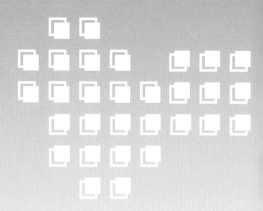

우리는 지금 코로나19로 인해 '잠시 멈춤'과 물리적 거리
두기를 하고 있다. 오래전부터 공장식 축산과 공업화된 농업이
치명적인 병원체를 키우고, 인간과 동물의 바이러스 교차 감염
의 위험을 증가시킨다는 경고가 있었다. 시공간을 압축하여 인
간과 동물, 국가와 국가 사이의 거리를 좁혔던 세계화는 다시
'물리적 거리'를 두어야 했고, 선진국들은 마스크 같은 간단한 공
장 설비도 갖추지 않은 것으로 드러났다.

20세기를 이끌던 석유시대는 곧 끝이 날 것으로 보인다. 대
량 생산과 대량 소비가 특징인 이 시대에는 경제성장이 이루어
지면 여성에게 좋은 일자리가 많아질 것이라고 기대했다. 그러
나 국제에너지기구IEA에 따르면 이산화탄소 배출 세계 7위로
OECD에서 증가율이 가장 높은 한국은 여성에게 좋은 일자리

를 주지 않을 뿐 아니라 사회 불평등만 심화하고 있다.

지금까지 좋은 일자리는 높은 임금을 의미했다. 그러나 지금, 좋은 일자리는 무엇이고 어떤 일자리를 좋은 일자리로 만들어야 하는지 다시 질문할 필요가 있다. 코로나19는 환경 착취에 기반한 성장을 멈추고, 가치 있는 것(생산)과 가치 없는 것(재생산)의 위계와 구분을 재구성하라고 요구한다. 지금까지 페미니즘이 원자력과 석유경제 구조 안에서 좋은 일자리와 평등을 요구했다면, 이제 페미니즘의 요구는 달라져야 한다. 썩은 파이를 더 키워 나누기보다 파이 자체를 바꾸어야 할 때인 것이다. 이 위기의 과제를 단순히 경제 회복에 두지 않고 사회를 재구성하는 기회로 삼아야 하는 이유다.


○

## 한국판 뉴딜은
## 진단도 해법도 틀렸다


2020년 5월 초 한국판 뉴딜 정책이 발표되었다. 경제 해법은 비대면 산업 육성, 디지털 인프라, 사회간접자본의 디지털화였다. 기존의 녹색성장에 디지털을 얹은 것이다. 기간산업에 대한 지원금 40조 원은 하루 만에 통과시키면서 전체 국민에게 지급하는 긴급재난지원금 12조 2,000억 원은 낭비인 것처럼 두 달여를 끌었던 홍남기 부총리는 곧바로 원격의료를 들고나왔다. 이후 비대면 산업의 예로 경증 만성질환자와 노인 등 42만 명에게 의료용 모바일 기기 등을 보급한다고 발표했다. 의료민영화를 추진하는 사람들이 제시했던 원격의료 초기 모델과 비슷하다. 공공의료 확충이나 보건의료 인력 확충, 주치의 제도, 지역 통합 돌봄 등은 뒷전이 되고 있다.

한국판 뉴딜 정책에 관한 사회적 비판이 거세지자 대통령의 지시에 따라 디지털 뉴딜에 그린 뉴딜이 추가되어 한국형 뉴딜 정책이 제안되었다. 2020년 6월 10일 국회에서 열린 '기후 위기 극복-탄소 제로 시대를 위한 그린 뉴딜 토론회'에서 제러미 리프킨Jeremy Rifkin은 "기후 변화로 인해 앞으로 우리는 더 많은 팬데믹을 목격하게 될 것"이고 "지구 평균기온 상승 폭을 섭씨 1.5도 이내로 제한하지 못하면 홍수, 가뭄, 산불, 허리케인 등 기후 재앙이 연속적으로 발생할 것"이라고 경고했다. 지구 평균기온 상승 폭을 1.5도 이내로 제한하려면 2020년이 지나기 전까지 탄소 배출을 절반으로 줄여야 하고, 2050년까지 탄소 배출 제로를 이루어야 한다. 국제사회에 약속을 지킬 의지가 있다면 '경제개발 5개년' 이후 가장 큰 변화를 겪어야 하는 것이다.

그러나 모두가 한목소리로 정부를 비판한 것은 가장 중요한 탄소 감축이나 에너지 전환에 관한 목표와 계획이 없다는 점이다. '정의'가 빠진 상황에서 심각한 것은 '그린'조차 보이지 않는다는 것이다. 기존 탄소경제를 그대로 유지하면서 전환은 불가능하다. 벌써 이 기회에 묵은 사회간접자본 문제를 해결하자는 이야기도 나온다. 이 과정에서 여성의 참여와 목소리는 들리지 않고 있다.

기후 위기 대응을 위한 에너지, 산업, 건축, 교통, 농업 등 대부분의 분야에서 남성들이 결정권을 쥐고 있다. 그들이 토론하고 계획하고 결정하고 배분한다. 그린 뉴딜을 제안하는 시민사회와 진보정당 그룹은 탈탄소경제를 통해 일자리를 늘리고 불평등을 줄이자는 굉장히 총체적인 사회 전환을 제안하고 있다. 그러나 정부는 기존 경제에 새로운 먹을거리를 주는 것쯤으로 이해하고 있다. 기후 위기에 관한 진단도 해법도 틀린 것이다.


○
## 코로나19에도 멈출 수 없는
## 살림과 돌봄의 공동체

코로나19는 우리 삶에 진짜 필요한 것이 무엇인지 생각하는 기회가 되었다. 멈춰도 될 것과 멈출 수 없는 것을 보여주었다. 깨끗한 공기와 맑은 물, 건강한 음식, 편안한 집, 좋은 교육, 도시공원과 도서관, 공공의료, 돌봄을 함께하고 의지할 수 있는 다양한 가족과 공동체는 정말 필요하고 멈출 수 없다. 공유 자전거 사용이 늘었고, 귀촌과 귀농 의향도 늘었다. 단지 손을 씻는 것만으로도 감기 환자가 줄었고, 친환경 식자재를 공급하는 생협의 매출이 늘어났다. 긴급재난지원금으로 전통시장과 소상공인의 매출이 회복되고 있다. 동네에서 장을 보고, 카페에서 차를 마시며 담소를 나누고, 대중교통과 자전거로 이동하는 평범한 일상의 소중함을 느끼게 되었다.

반면 여성의 성 역할이 수십 년 쇠퇴했듯이 인권과 공동체도 10년쯤 전으로 되돌아갔다. 여성들은 삼시 세 끼 밥을 하며 아이들의 복잡한 과제를 챙기느라 정신없었고, 돌봄을 나누지 못하는 워킹맘의 52퍼센트는 극심한 스트레스에 시달렸다. 경로당과 복지관, 도서관 등이 문을 닫아 많은 노인과 장애인이 플라스틱 도시락을 배달받으며 집에 갇혀 우울증과 근력 저하에 시달렸다.

임금노동자 대부분이 출근하는데도 여성들의 공동체 활동이나 모임 등은 쓸데없는 것으로 치부되어 정지를 요구받았다. 마을 학교와 청소년 공간이 문을 닫았고, 아동학대처럼 집이 안전하지 않은 아이들을 살피는 관계망도 끊어지거나 느슨해졌다. 성교육과 인권교육도 정지되었다. 지역의 예산이나 정책에 관한 공론장은 열리지 않았고, 마을공동체 활동은 서류 접수와 서면 심사로 대체되었다. 기업은 이 틈을 타 규제 완화를 주장하고, 다시 택배와 일회용품이 폭증했다. 그러나 이런 것들은 대면 여부를 떠나 멈춰서는 안 되고, 그것들을 지키기 위한 공동체를 어떻게 만들 것인가가 지금의 과제다.


○

## 평등하고 생태적인 미래,
## 페미니스트 그린 뉴딜


지금까지 페미니즘은 이 불평등한 시스템에서 여성에 대한 차별과 혐오를 없애기 위해 노력했다. 동시에 여성을 자연화하는 것을 비판했다. 에코페미니스트들은 해일이 밀려오는데 조개를 줍는다고 비난받았고, 이 폭력적인 사회에서 한가하게 텃밭을 가꾸고 텀블러를 들고 다니는 페미니스트로 오인되기도 했다. 에코페미니즘은 개인의 삶과 지역, 나아가 세계가 자연과의 관계를 먼저 회복해야 한다고 주장한다. 그리고 비자본주의적 삶을 실험하고 확대할 것을 요청한다. 여성과 제3세계와 환경을 착취하지 않는 자본주의는 불가능하기 때문이다.

월경페스티벌의 구호처럼 '어떤 피도 우리를 멈출 수 없다'도 맞지만, '피가 나면 멈출 수 있어야 한다'도 맞다. 여덟 시간 노동은 돌봄을 면제받은 근대 남성의 기준이며 자본의 기준이다. 여성뿐 아니라 남성도 자연의 일부다. 경제와 사회 역시 자연의 한계 위에서 구축되어야 한다. 자연은 각자의 자리와 몫이 있고, 다양하고 지역적이고 연결되어 있다. 서로 존중하고 상호의존적이다. 이기적인 동시에 서로 이타적이어서 공존한다. 독점하지 않는다. 페미니스트 그린 뉴딜은 생태주의에 기반해 더 많은 노동과 소비를 넘어 자급의 경제와 공동체를 상상해야 한다.

석유 농업을 생태 농업으로 전환하여 건강한 식량자급체제를 만들고, 경쟁 중심의 교육과 문화를 바꾸어내고, 지역을 자급과 돌봄을 중심으로 재편하는 일까지 페미니스트의 그린 뉴딜에 포함되어야 할 것이다. 매년 서울 인구의 1퍼센트씩 귀촌 장려 수당을 제공하면 어떨까. 지역사회의 문화예술가와 청년, 공동체 활동을 하는 다양한 세대의 여성과 남성에게 공동체 수당을 제공할 수도 있다. 쓰레기를 수거하는 노인들에게 환경 수당을, 마을 학교와 놀이터를 지키는 여성들에게 마을 수당을 제공하자. 기후 위기 활동 수당, 성평등 활동 수당, 이웃을 보살피는 이들에게는 건강 수당을 제공하자. 위기가 닥쳤을 때 서로 안부를 확인할 수 있는, 누구도 버려지거나 고립되지 않는 지역사회를 만들어야 한다.

먼저 지속 가능한 사회와 삶에 꼭 필요한 것이 무엇인지 다시 정의하고, 거기에 필요한 자원과 에너지를 어떻게 만들 것인지 논의해야 한다. 기술은 충분하다. 전환을 위한 여성들의 정치적 힘과 연대가 필요할 뿐이다.

# PART 3

# 신자유주의적
# 페미니즘을 넘어서

# 10

# N번방은 신종 범죄인가?

## 얼굴의 젠더 정치

김주희

매번 새로움에 대한 숭배를 통해
사회는 거대한 마술환등이 되었다.
여성과 관련된 사회 현상에
유독 '최초', '신종' 같은 섣부른 진단을 사용하는 것은
페미니즘 지식과 실천을 역사의 바깥에 놓는,
즉 젠더는 탈역사적이라는 인식을 강화할 뿐이다.

코로나19 사태 이후의 일상은 전과 비교해 질적으로 완전히 달라질 것이라는 예측이 쏟아지고 있다. 비대면적 삶의 양식이 널리 퍼질 것이라는 전망이 대표적이다. 사회적 거리 두기는 디지털 기술 없이는 불가능했다. 동시에 우리는 디지털 기술이 모두에게 똑같이 경험되지 않는 현실을 목격하면서 기술의 사회적 측면도 고민할 수 있었다.

　지난 몇 년 동안 여성들은 몰래 촬영된 영상물이 '국산 야동'으로 거래되는 일상 문화를 '디지털 성범죄'로 명명하고 문제를 제기해왔다. 그리고 N번방 사건이 세상에 알려졌다. 이러한 현실은 누군가에게는 전혀 문제로 인식되지 않았다. 황교안 전 미래통합당 대표는 피해자를 직접 대면하지 않고 영상물을 찾아다닌 호기심까지 범죄로 분류하는 것은 지나친 조치라고 말했다. 하지만 수많은 여성은 '나의 일상은 너의 포르노가 아니다'라는 말로 이러한 인식과 단절한다고 선언한 바 있다.

이제 조주빈을 비롯해 텔레그램 성착취물의 제작과 유통에 직접 가담한 이들의 엄중 처벌에 관해서는 누구도 이견이 없을 것이다. 하지만 소위 '호기심을 가진 단순 참가자' 역시 N번방 사건의 적극적 가담자라는 사실은 손쉽게 간과된다. 결론부터 말하자면 이러한 호기심은 끝없이 여성을 '새로운 얼굴new face'로 소비하며 비인간화해온 동력으로, '신종'이 아니다.

○

## '얼굴 아닌 얼굴'이 되어버린
## 여성의 얼굴

공중화장실을 이용하는 여성을 몰래 촬영한 영상물이 소라넷에서 유포된다는 소식이 들려왔을 때 도대체 왜 그런 영상이 유통되는지 많은 사람이 이해하지 못했다. 하지만 기실 이들이 보고자 하는 것은 여성들의 '얼굴'이다. 여성들은 자신이 또 다른 '새로운 얼굴'이 되지 않고자 화장실 앞에서 마스크로 얼굴을 가리고, 화장실 칸막이의 모든 나사와 구멍을 휴지로 메웠다.

'국산 야동'에서 중요한 것은 '한국 여성'이라는 표식이다.

불법 촬영물 속 여성이 한국말을 하는 것, '○○대학 ○○학과 ○○학번 김○○' 같은 신상정보, 때로 한국말 TV 프로그램이 배경 소음으로 들리는 것처럼, '한국 여성'이라는 인종적 범주화를 통해 '리얼물real物'이 만들어진다. 가까이에 실존하는 여성의 얼굴을 대면하고 그녀가 등장하는 영상물에 참여하는 기분으로 소비해온 호기심이 텔레그램 N번방을 수익성 있는 사업으로 만든 기대수요다.

불법 촬영물 공유 네트워크는 언제나 끝없이 새로운 여성의 얼굴을 소비하기 위해 기꺼이 비용을 지불하고 정보와 노력을 공유한다. '얼굴의 윤리'를 이론화한 정치철학자 주디스 버틀러Judith Butler를 인용하자면, 손쉽게 포착되는 약자의 얼굴은 "얼굴이 아닌 얼굴"이기 때문에 그 얼굴을 보는 사람은 그것에 동일시되지 않는다.◆ 얼굴이 널리 알려진 여성 연예인의 불법 촬영물은 영원히 지워지지 않으며, 마침내 '아는 여성'을 비인간화하기 위한 적극적인 시도로서 '지인 합성', '지인 능욕' 등 딥페이크deep fake 기술이 동원된다. 하지만 딥페이크 영상의 제작·유통 행위를 처벌하는 성폭력 특례법 개정안 논의 과정에서 고위 인사들은 "예술 작품이라고 생각하고 만들 수 있다"거나 "청소

◆　주디스 버틀러, 《불확실한 삶: 애도와 폭력의 권력들》, 양효실 옮김, 경성대학교 출판부, 2008, 198쪽.

년이나 자라나는 사람들은 자기 컴퓨터에서 그런 짓 자주 한다"
며 항변했다. 우리 사회에서 남성 집단의 (창작과 성장을 통한) 인
간화는 개별 여성의 비인간화를 통해 달성된다고 가정된다.

디지털 세계를 떠도는 호기심은 관람자의 얼굴은 노출하
지 않고 상대 여성의 구체적인 얼굴을 대면하는 것에서 출발한
다. 또한 정보 공유 네트워크로 존재하는 남성 사회, 즉 비대면
성착취 그룹은 대면 성착취 구조와 참여자를 그대로 이어받는
다. 그 결과 N번방은 항상 N개를 초과하며, 26만 명의 성착취 가
담자는 26만 명을 초과한다.

2010년 여성가족부의 조사에 따르면 성산업의 경제 규모
는 8조 7,100억 원이다. 그해 한국의 남성 경제활동 인구(15~64
세)가 한 명도 빠짐없이 1년에 60만 원을 소비해야 가능한 규모
다. 최근 코로나19 확진자가 나온 강남의 한 룸살롱에 하루 동안
구매자와 종업원이 총 500명이었다는 사실이 알려졌다. 성매매
산업은 그 거대한 경제 규모를 유지하기 위해 성구매를 손쉬운
것으로 둔갑시켜 일상화하는 여러 장치를 마련했다.

구매자의 얼굴은 노출하지 않은 채 특수 처리된 유리방 안
의 여성을 '초이스'할 수 있도록 해주는 '매직미러magic mirror' 장
치는 남성 구매자에게 사람을 품평하고 고른다는 윤리적 갈등
없이 합리적인 소비를 하고 있다는 기분을 갖게 해준다. 성매매

업소는 불법 촬영물의 거대 집합소인 소라넷을 광고판으로 활용했다. 동시에 '뉴페new face'가 되어야 상품성을 갖는 여성은 한 업소에 오래 머물지 않는다. 개별 여성의 연쇄적 이동이 이루어지는 원리다.

폭력으로 유지되는 경제에 여성이 '자발적으로' 참여하도록 유도하는 '강제' 장치 역시 존재한다. "가족에게 업소에서 일한 사실을 알리겠다"는 협박은 업소 주변에서 일상적이다. N번방 운영자들이 피해 여성들에게 신상 공개에 대한 공포심을 자극한 후 전달한 악성코드는 '스케어웨어scareware'라고 불린다. 디지털 세계와 현실에서 익명의 남성을 집단화하는 성적 실천은 여성의 고립화와 연동한다.

○

## N번방이 드러낸
## 오래된/신종 범죄

N번방 범죄가 전례 없이 끔찍하기는 해도 익숙한 것들의 새로운 조합일 뿐이다. 하지만 텔레그램은 종단 간 암호화end-to-end encryption 기술이 적용되어 가담자 검거가 어렵다거나, 조주빈이 유료방 입장료를 암호화폐로 받는 철저함이 있었다든가,

이에 새로운 전문가와 새로운 기술이 필요하다는 방식으로 범죄의 신기술에 대한 호들갑이 이어지고 있다.

신종 범죄 우려는 1970년대부터, 신종 매춘은 1980년대부터 있었지만, 매번 새로움에 대한 숭배를 통해 사회는 거대한 마술환등fantasmagorie이 되었다. 특히 성매매에서 '신종'이라는 진단은 '새로운 얼굴'을 새로운 환경에서 체험할 수 있다는, 성구매의 욕망을 부추기는 홍보 문구로 작동했다. 여성과 관련된 사회 현상에 유독 '최초', '신종' 같은 섣부른 진단을 사용하는 것은 페미니즘 지식과 실천을 역사의 바깥에 놓는, 즉 젠더는 탈역사적이라는 인식을 강화할 뿐이다. 페미니스트는 범죄의 새로움을 우려하는 것이 아니라, 여성과 소수자의 의제가 나중으로 밀린 역사의 후과後果를 문제 삼고 있다. '한국 여성'으로서 경험하는 민주주의의 한계를 드러내는 것이다.

예컨대 1987년 민주화 직후 문화 표현물에 관한 규제를 완화하는 사건의 한가운데 정태춘의 노래 〈아, 대한민국〉이 있었다. "새악시 하나 얻지 못해 농약을 마시는 참담한 농촌의 총각들은 말고 특급호텔 로비에 득시글거리는 매춘관광의 호사한 창녀들과 함께 우린 모두 행복하게 살고 있지 않나"라는 가사를 정부 검열로부터 지키는 것은 민주주의를 수호하는 저항으로 받아들여졌다. 아동 성착취물이 유통되고 강간 모의가 이루어진 소라넷 사이트에 대한 수사가 시작되자 소라넷 운영자는 회원들에게 "21세기 자유민주주의 사회에서 성인들의 볼 권리와 알 권리를 막으려는 시대착오적인 일"이 일어난다며 쪽지를 보냈다. 지금 페미니스트들은 민주시민의 인간화가 '한국 여성'의 비인간화를 통해 달성된 역사를 질문하고 있다.

자연스러운 호기심을 가진 사람 정도로 치부되곤 하는 텔레그램 N번방 사건의 가담자, 익명 남성들의 네트워크는 피해자 여성의 구체적인 얼굴을 대면함으로써 탄생했다. 이들은 끝없이 새로운 여성의 얼굴을 포착하려는 성적 실천을 남성의 본능으로 자연화하면서 옹호해왔다. 그렇다면 우리는 비대면적 삶의 양식이 예견되는 코로나19 이후, 얼굴을 가리는 것이 허용되지 않는 '리얼'한 현실을 사는 여성, 예컨대 가출 여성 청소년, 콜센터 노동자, 서비스직 노동자, 빈민, 성매매 업소 종사 여성에게도 똑같은 미래가 허용될 수 있는지 질문해야 한다. 관계성을 지워버린 채 여성을 '새로운 얼굴'로만 소비해온 남성 문화에 관한 총체적 재인식이 필요한 시점이다.

# 11.

# 신자유주의 시대 안전의 상품화와 페미니즘

## 피해와 안전에 대한 페미니즘의 질문

민가영

페미니스트 인식론의 계보 안에서
'피해'는 지식권력 관계를 비판할 수 있는
성찰적 위치로 자리매김해왔다.
그러나 현재 피해를 둘러싼
신자유주의적 재배치가 일어나고 있는 이 시점은
'피해를 통한' 인식으로부터
'피해에 관한' 새로운 비판적 사유를 요청한다.

그간 페미니즘은 성폭력 문제에 개입하면서 성폭력이 개인의 문제가 아니라 사회구조적 권력 관계의 문제임을 분명히 해왔다. 그런데 그 어느 때보다 반성폭력 운동이 강해지고 있는 이 시점에, 성범죄 예방 대책의 개인화와 시장화 경향 또한 동시에 진행되고 있다. 즉, 한국 사회에서 반성폭력 운동은 이미 거스를 수 없는 사회적 대세가 되었지만, 한편으로는 성폭력 예방이 개인화된 전략과 보안상품에 의존하는 현상 또한 강화되고 있는 것이다. 현재 성범죄 예방을 위한 실천에서 가장 중요하게 손꼽는 기기들은 미러시트mirror sheet, CCTV, 홈 방범 서비스 같은 시장의 보안상품이다.

○

# 보안상품을 통해 만들어지는
# 성폭력에 관한 새로운 합리성

현재 보안상품을 중심으로 한 성범죄 예방 대책은 개인의 일상에서 구체적으로 적용될 수 있는 방식을 통해 성범죄의 기회를 직접적으로 차단할 수 있는 가능성을 제공한다는 점에서 긍정적인 면을 지닌다. 그러나 이를 극복하기 위한 전략으로 선택된 사회적 장치는 가해자 처벌, 피해자의 권리 보장, 사회문화적 구조의 변화가 아니다. 단지 성폭력의 발생 확률과 기회를 관리하는 것에 그친다. 이러한 방식은 성폭력을 사회구조적인 문제로 위치시키고자 했던 페미니즘의 노력을 위기관리의 문제로 축소시킬 위험을 지닐 수 있다.

성범죄 예방이 시장에서 생산된 보안상품을 통해 개인의 몫으로 돌려지는 현실은 여성을 안전하게 만들어주는 것일까? 아니면 아래로부터 형성되고 있는 사회 구성원의 두려움으로부터 지배적 사회 질서를 안전하게 보호·유지하려는 것일까? 또는 이 두 가지 효과 모두를 생산해내는 것일까?

성폭력이 안전의 문제로 축소되고 안전에 대한 책임이 보안상품을 매개로 한 개인의 책임이 되어가고 있는 현상은 구조의 책임과 실패를 개인의 책임과 실패로 돌리는 신자유주의적 통치성의 맥락과 무관하지 않을 것이다. 미셸 푸코Michel Foucault 가 지적했듯이 통치성에서 중요한 것은 사건의 맥락이 아니라 사건의 발생 확률과 그에 대한 조절이다. 현재 성범죄 예방의 개인화와 시장화 흐름은 성폭력 문제가 사회구조적 문제가 아닌 확률과 기회 차단에 관한 문제라는 합리성을 강화할 것이다.

로익 바캉Loïc Wacquant이 《가난을 엄벌하다Les Prisons de la misère》에서 보여주듯이 현대 사회에서 범죄 대응 전략은 범죄 대응 이상의 의미를 지니고 있다. 그에 따르면 1975년부터 2000년까지 미국의 수감 인구는 5배로 늘어 200만 명을 넘어 세계 1위가 되었다. 하지만 범죄율은 1973년부터 1993년까지 비슷했고 이후에는 오히려 급격히 줄었다. 이처럼 바캉은 범죄에 대한 강력한 대응이 어떻게 사회적 불안정성을 관리하고 체제를 유지하려는 통제 메커니즘으로 이어지는지를 보여준다. 이와 같은 맥락에서 볼 때 현재 성폭력 예방에 대한 상품화된 대응 방식은 분노를 표출하는 여성의 목소리를 개별화시켜 조절하려는 또 다른 통제 메커니즘으로 읽을 수 있지 않을까.

○

## 피해를 통한 인식에서
## 피해에 관한 비판적 사유로

2000년대 이후 일련의 페미니스트 연구자들은 신자유주의 확장 시기에 등장한 성폭력 '2차 가해'라는 용어에 주목한 바 있다. 성폭력 2차 피해가 1차 피해 문제를 해결하는 과정에서 성차별주의와 잘못된 성 통념으로 인해 피해자가 마주하는 부당한 일을 총칭한다면, 2차 가해는 "가해자 또는 제3자가 정신적 협박이나 물리적 강압 또는 다른 수단으로 피해자를 괴롭히는 행위로서 가해자에 동조하는 언동, 사건을 축소·은폐·왜곡하기 위한 언동, 피해자를 음해하는 언동 등 피해자에게 재차의 피해를 주는 행위"를 지칭한다.

언뜻 비슷해 보이는 2차 피해와 2차 가해의 근본적 차이에 대해 권김현영은 성폭력 문제를 둘러싼 관점의 차이를 꼽는다. 2차 가해의 개념이 그 용어의 의미에도 불구하고 폭력을 둘러싼 권력의 문제 대신 가해자를 특정하거나 피해자의 주관적 판단에 해석을 위임하면서 성폭력을 '사회적인 문제'에서 멀어지게 만드는 근본적 한계를 갖는다는 것이다. 즉 2차 피해가 성폭력을 사회적인 문제로 구성하려는 관점과 노력에 기반해 있다면,

2차 가해의 개념은 이러한 사회성을 걷어내면서 특정 가해자 개인과 이에 대응하는 개인의 전략 문제로 초점을 이동시키는 특징을 지닌다는 것이다.

또한 김보화의 연구는 최근 급증하고 있는 성폭력 역고소 현상을 통해 성폭력 가해자의 대응이 '법률 서비스 시장화'되어 가고 있음을 보여준다. 한국에서 가해자들의 역고소는 그전에도 있어 왔지만 점차 법률 시장에서 기획된 형태를 띠고 있다는 것이다. 이는 성폭력 문제가 가해와 피해라는 정치적·윤리적 판단의 문제에서 법률 시장의 기획 상품을 구매하는 고객 또는 소비자의 문제로 위치를 이동하고 있음을 보여준다.◆

개인과 커뮤니티를 기반으로 한 성폭력 예방 대책인 셀프 디펜스self defense나 커뮤니티 디펜스community defense는 새로운 페미니스트 반성폭력 운동 방식으로 높이 평가할 만한 대책이다. 그런데 문제는 '그 이상'으로 나아가지 못하는 피해자의 위치성이다. 반성폭력 흐름이 거세지고 있고, 범죄학에서도 피해자학victimology이 부상하고 있는 이 시점에 왜 피해자 위치성은 새로운 민주주의를 위한 결정 권한과 문제를 정의하는 방식 등으로 확장되지 못하고 피해자의 자구적 예방 노력으로 수렴되고

◆    김보화, 〈부추겨지는 성폭력 역고소와 가해자 연대〉, 《여성학논집》 제35집 제2호, 이화
     여자대학교 한국여성연구원, 2018, 113~153쪽.

있는 것일까?

이 모순적 현상의 핵심에는 신자유주의적 통치성 안에서 형성되기 시작한 피해에 관한 새로운 합리성이 자리하고 있다. 신자유주의적 통치성은 사회구조적 피해를 개인의 안전 문제와 보안상품, 그리고 확률의 문제로 축소시키며 체제 유지를 위한 장치로써 배치하기 시작했다.

이러한 시점에서 필요한 페미니스트 물음은 무엇이어야 할까? 성폭력이 개인이 관리해야 할 안전으로 축소되고 보안상품의 문제와 강력하게 연결되는 현실은 여성들이 자신의 피해를 경험하고 의미화하는 데 어떠한 영향을 미칠까? 또한 여성들의 성적 피해에 대한 저항과 대응 방식에 어떠한 영향을 미칠까? 이러한 현상은 성폭력에 대한 페미니즘의 저항을 어떤 식으로 흡수하고 변형시키고 있는가? 이러한 점은 피해를 설명하려는 페미니즘 안에 어떠한 새로운 이론적 성찰을 요청하는가?

페미니스트 인식론의 계보 안에서 '피해'는 지식권력 관계를 비판할 수 있는 성찰적 위치로 자리매김해왔다. '피해'에 관한 성찰적 위치화는 기존의 '보편성'이 누구의 피해를 삭제하며, 그 배제가 누구의 어떠한 이해관계를 정당화하는지를 바라볼 수 있게 해주는 윤리적 인식의 힘이었다.

그러나 현재 피해를 둘러싼 신자유주의적 재배치가 일어

나고 있는 이 시점은 '피해를 통한' 인식으로부터 '피해에 관한' 새로운 비판적 사유를 요청한다. 페미니즘이 '안전' 이슈로 축소되고 '개인의 안전'을 위한 방법으로써 타자에 대한 배제가 쉽게 상상되는 현시점에서 이와 같은 질문은 계속해서 제기되어야 할 것이다.

# 12

# '나쁜 페미니스트'의 정치학

## '파이' 나누기에서
## 더 많은 연대로

이현재

희생양의 논리를 그대로 둔 채

여성의 빼앗긴 파이를 되찾아오겠다는 전략은

사실상 현재의 경쟁 시스템에서

능력 있는 여성에게만 유리하다.

'나쁜 페미니스트'는 희생양 논리를 넘어서는

변혁적 세계에 대한 모색을 함께 해야 한다.

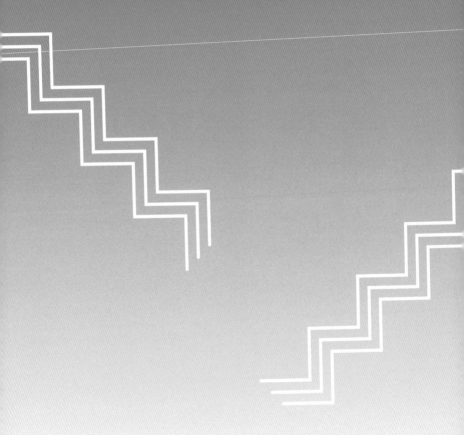

　　시대를 막론하고 세상에 도전한 여성은 '나쁜 페미니스트'
였다. 페미니스트라면 '도덕적'이어야 한다고 생각하는 경향이
강하지만, 지금 존경받는 과거의 페미니스트도 당대에는 부도
덕하다고 손가락질 당했다. 가부장 체제에 저항하고 사회적 통
념을 뒤흔들었기 때문이다. 가부장적 성스러움과 당대의 도덕
을 위반했던 페미니스트는 '마녀witch'로 불리며 비난을 받았다.

　　대표적으로 올램프 드 구주Olympe de Gouges는 프랑스의 권
리선언에 여성이 배제되어 있음을 비판하다 단두대에서 처형
되었다. 뜨개질이나 해야 하는 여자가 노예와 여성의 인권, 동거
와 이혼의 권리를 외쳤으니 그야말로 '몹쓸' 여자로 여겨진 것이
다. 19세기 말 영국에서는 반바지 차림으로 자전거를 타거나 장
식 없는 블라우스에 타이를 매고 카페에 앉아 담배를 피우며 토

론하는 여성은 천박하다고 비난받았다. 이들은 여성에게 주어진 가정이라는 영역의 경계를 넘어섰기 때문이다. 20세기 사회주의 페미니스트 아그네스 스메들리Agnes Smedley는 피임에 관한 문헌을 배포한 혐의로 형을 살았고, 출산 조절 운동을 했던 여성들은 '불경한' 성 급진주의자로 낙인찍혔다.◆

페미니스트들은 아예 '나쁜 페미니스트'를 선언하기도 했다. 부정적인 낙인을 긍정적으로 전유하자는 것이었다. 서프러제트suffragette 운동의 기수 에멀라인 팽크허스트Emmeline Pankhurst는 노예가 되느니 차라리 반란자가 되자고 했고, 조 프리먼Jo Freeman은 〈드센 년 선언문Bitch Manifesto〉(1969)에서 아름답고 자랑스러운 '드센 년'이 되어 이분법적 성별 체제를 변혁하자고 선언했다. 이들은 "남자는 남자답게 여자는 여자답게 행동해야 한다는 게임 규칙"에 저항한다는 이유로 페미니스트들이 욕을 먹어야 한다면 오히려 자랑스럽게 받아들이자고 제안했다.

우리나라도 예외는 아니었다. 1920~1930년대에 집 밖으로 나와 서울 종로 거리를 활보했던 신여성은 '퇴폐적' 여성으로 낙인찍혔고, 서구 문물을 받아들이면서 카페를 이용하는 여학

◆　실라 로보섬, 《아름다운 외출: 페미니즘, 그 상상과 실천의 역사》, 최재인 옮김, 삼천리, 2012.

생은 '사치 중독자'로 욕을 먹었다.◆ 호주제 폐지 운동이 점화되었을 때 유생들은 페미니스트를 상고시대부터 내려오는 불문율을 깨는 '부도덕한' 여성으로 매도했고, 최근의 낙태죄 폐지 운동을 두고 사람들은 페미니스트를 자기밖에 모르는 이기적인 여성이라고 비난하기도 했다. 그러나 페미니스트들은 타인의 시선에 연연하지 않았다. 그들은 시대의 규범을 뒤흔들기로 작정했고, 그런 점에서 욕을 먹는 것을 오히려 자랑스러운 일로 여겼기 때문이다.

○

## 희생양이 되기를
## 거부하다

남성에 비해 형편없는 임금을 받는 여성들은 집에서는 남편의 폭력에, 공장에서는 관리자의 성폭력에 시달리곤 했다. 가정에 유폐된 여성은 교육받지 못하거나, 능력이 있다 해도 제대로 된 지위를 얻지 못했다. 욕망의 주체가 되지 못하고 욕망의 대상으로서만 만족해야 하는 삶, 자신의 목소리로 말할 기회가

◆   서지영, 《경성의 모던걸: 소비·노동·젠더로 본 식민지 근대》, 도서출판 여이연, 2013.

없는 삶은 말 그대로 죽은 것이나 다름없었다. 페미니스트는 이러한 문제가 내 탓이 아니라 구조의 문제라고 생각한 여성이었다. 그래서 페미니스트는 이 세상에서 혼자 잘 사는 길을 거부하고 여성을 희생양으로 삼는 가부장 젠더 체제에 도전했다.

앨리슨 위어Allison Weir의 표현을 빌리자면, 가부장 체제는 '희생양 논리sacrificial logic'에 기반하고 있다.◆ 희생양의 논리는 하나가 살기 위해서는 다른 하나가 희생할 수밖에 없는 사고방식을 의미한다. 여성은 남성을 위해, 패자는 승자를 위해, 노예는 주인을 위해 희생되어야 한다. 가부장 체제에서 남성은 주체가 되기 위해, 주체의 우월적 지위를 확보하기 위해 여성을 열등한 대상으로 삼는다. 이는 주인이 노예의 노동 없이 주인이 될 수 없는 것과 같은 이치다. 이런 점에서 남성이 주체가 되기 위해 여성을 대상화해서 멸시하는 여성혐오의 구조는 전형적으로 희생양 논리를 전제로 한다.

희생양 논리에 저항하는 나쁜 페미니스트들은 기존의 틀을 그대로 둔 채 그 안에서 자신의 위치를 역전시키는 전략에만 만족하지 않았다. 그것만으로는 모든 여성의 생존을 확보할 수 없었기 때문이다. 물론 패자를 희생양으로 삼아 승자가 생존하

◆　Allison Weir, *Sacrificial Logics: Feminist Theory and the Critique of Identity*, Routledge, 1996.

는 논리 안에서 여성도 재력과 능력만 있다면 남성처럼 잘 살 수도 있을 것이다. 하지만 그는 살아남기 위해 다른 여성을 희생양으로 삼아야 할지도 모른다. 내가 다른 여성의 노동을 희생으로 삼을 때만 잘 살 수 있는 구조라면, 이 구조 아래서 살아남는 것은 '여성'이 아니라 능력 있는 '나'일 뿐이다.

이런 점에서 페미니스트는 가부장 체제가 자본주의, 신자유주의와 동맹하여 희생양 논리를 강화하고 있음을 비판했다. 가부장적 자본주의 아래서 여성은 육아 및 가사노동의 대가를 받지 못했으며, 여성의 일이라고 간주되는 저임금의 핑크 노동(베이비시터, 요양보호사 등)이나 비정규직 노동 등으로 내몰렸다. 신자유주의 체제는 몇몇 능력 있는 여성을 대표로 내세웠지만, 여성 대부분이 당면하고 있는 경제적 빈곤, 문화적 멸시, 폭력, 정치적 대표 불능을 여성 개인의 무능력으로 치부했다.

구주 같은 자유주의 페미니스트가 여성뿐만 아니라 흑인 노예와 어린이 그리고 노약자의 인권을 생각했던 것은 그들도 희생양의 논리에 따라 배제되었기 때문이다. 래디컬 페미니스트 슐라미스 파이어스톤은 여성차별이 인종차별과 같은 논리에 기반하고 있음을 정확히 분석했다. 또한 그녀는 아이들이 아버지의 소유물로 취급되고 있다는 점에서 결과적으로 같은 희생양 논리에 기반하고 있음을 간파했다. 이후에 페미니즘이 반자본주의, 반인종주의, 성 소수자 운동과 연대한 것은 흑인 노예이자 백인 여성의 가정부, 여공 등으로 착취되는 흑인 여성의 경험이 단순히 여성이라서 겪는 억압만으로는 설명될 수 없었기 때문이다. '나쁜 페미니스트들'은 개인으로서의 '나'의 위치를 넘어 '우리 여성'을 고려하는 방향을 끊임없이 모색했고, 이를 위해 희생양 논리에 따르는 세상과 불화했다.

○

## "도둑맞은 페미니즘"

최근 유리천장 깨뜨리기 담론과 함께 '나쁜 여성'이라는 키워드가 떠오르고 있다. 미국에서 세간의 이목은 페미니즘의 이름으로 정치계와 경제계에서 고위직에 오른 여성들에게 집중되고 있다. 여성으로서 남성의 자리를 차지한 만큼 이들은 온갖 욕을 먹고 있기도 하다. 그렇다면 이들 역시 희생논리에 기반한 가부장 체제를 뒤흔드는, 세상에 저항하는 '나쁜 페미니스트'인가?

나는 이들이 '나쁜 여성'일 수는 있어도 '나쁜 페미니스트'라고 불리기에는 부족하다고 본다. 체제 변혁 없이 남성의 파이를 되찾아오는 데까지만 관심을 두는 '나쁜 여성'은 99퍼센트의 여성을 위해 세상을 변혁하는 데 관심을 두는◆ '나쁜 페미니스트'의 정치학을 퇴색시킬 위험이 있기 때문이다.

가령 콘돌리자 라이스Condoleezza Rice는 국무장관에 올라 미국의 적극적인 군사개입을 강조하는 데 열을 올렸다. 2008년 미국 대선 당시 공화당 부통령 후보였던 세라 페일린Sarah Palin은 가정과 혼전 순결을 강조하고 낙태를 반대하는 등 모성성을 부각하는 동시에 총기 소지에 찬성했다. 이들은 유리천장을 깨고 고위직에 올랐지만, 여성이 가장 큰 피해자가 되는 전쟁에 저항하기는커녕 적극적으로 공모했다. 페이스북 최고운영책임자 셰릴 샌드버그Sheryl Sandberg는 경력의 사다리 정점에 오른 여성 CEO로서 성차별을 규탄하는 듯 보이지만, 체제의 변화보다 여성의 개인적 선택과 자기계발을 강조한다. 육아와 가사를 남편과 공평하게 분담하는 그녀의 성공 뒤에는 낮은 임금에 돌봄 노동을 하는 이민자 여성이 있다.

이들은 가부장 자본주의 체제와 희생양 논리 자체를 변화시키는 데 관심을 두지 않는다. 이들은 남성의 지위를 탈취한 여성이지만, 돌봄 노동자나 비정규직 여성 노동자의 지위를 고민하지는 않는다. 이런 점에서 니나 파워Nina Power는 페미니즘을

◆   낸시 프레이저·친지아 아루짜·티티 바타차리야,《99% 페미니즘 선언》, 박지니 옮김, 움직씨, 2020.

도둑맞았다고 통탄했으며,[◆] 낸시 프레이저는 이들이 고작 1퍼센트를 위한 페미니즘을 하고 있다고 비판했다. 캐서린 로텐버그Catherine Rottenberg는 기업 CEO나 유명인을 중심으로 퍼져가는 페미니즘 리더 담론을 정의 대신 행복을, 체계의 변화 대신 개인의 자기계발을 강조하여 인적 자본을 최대화하는 신자유주의의 통치술이라고 분석했다.[◆◆]

○

## '나쁜 여성' 말고
## '나쁜 페미니스트'가 되자

우리 사회에서도 야망 담론을 중심으로 '나쁜 여성'이 되겠다는 외침이 들려온다. 이들은 여성이 '생존'하기 위해 도덕 따위는 벗어던져야 한다고 강조한다. 몇몇 래디컬 페미니스트는 여성도 얼마든지 부도덕해질 수 있으며, 남성만큼 또는 남성보다 더 잔인해질 수 있다고 말하면서 빼앗긴 파이를 되찾자고 주장한다. 4비 운동과 탈코르셋 운동을 통해 아낀 돈과 시간을 자기계발에 투자하여 전문가로 성공하자고 독려하기도 한다. 일단

◆　　니나 파워, 《도둑맞은 페미니즘》, 김성준 옮김, 미셸 퍼거슨 해설, 에디투스, 2018.

◆◆　Catherine Rottenberg, *The Rise of Neoliberal Feminism*, Oxford University Press, 2018.

살아남는 것이 지상의 과제인 이들에게는 신자유주의적 경쟁의 틀을 바꾼다든지 다른 소수자의 형편을 살피는 것은 사치로 여겨진다. 모든 사회적 소수자를 지지하면서 도덕적이고 정치적인 올바름을 추구하는 것은 오히려 '백인 중산층 여성의 환상'이라고 비판한다. 정치적 올바름은 경력단절을 통해 경제적 위기감을 느껴보지 못한 사람들의 '도덕적 훈계'일 뿐이다.

이들의 불안하고 다급한 목소리는 분명 고위직에 오른 특권층 전문가 집단이나 유명인을 중심으로 부상하는 미국 신자유주의 페미니스트들의 음조와는 다르다. 그러나 이 페미니스트들이 가부장 자본주의와 희생양의 논리를 뒤흔드는 '나쁜' 페미니스트인지, 가부장 체제 안에서 개인의 성공에 매진하는 데 길든 신자유주의 주체인지는 여전히 불분명하다. 불법촬영과 N번방을 규탄할 때 이들은 '우리 여성'을 위해 가부장 체제를 뒤흔드는 나쁜 페미니스트 같지만, 여성의 생존과 노동자, 이민자, 트랜스젠더, 장애인 등 다른 소수자의 생존을 대립시킨 채 후자를 적극적으로 배제할 때는 과연 '우리 여성'을 위한 새로운 체제를 고민하고 있는지 의심스럽다. 개인적으로 열심히 자기계발을 해서 전문가가 되자는 다짐을 주고받을 때는 그냥 신자유주의의 희생양 논리에 길든 나쁜 여성이 되어버리는 것이 아닐까 걱정되기도 한다.

우리의 페미니즘은 어디로 가는가? 나는 우리가 개인적으로 성공한 '나쁜 여성'이 아니라, 세상에 도전하는 '나쁜 페미니스트'가 되길 바란다. 현실적 상황을 고려하지 않은 채 도덕적 올바름만 따지자는 것이 아니다. 희생양의 논리를 비판하는 것은 단순한 도덕이 아니라 '우리 여성'의 생존을 위한 방향이기도 하다. 희생양의 논리를 그대로 둔 채 여성의 빼앗긴 파이를 되찾아오겠다는 전략은 사실상 현재의 경쟁 시스템에서 능력 있는 여성에게만 유리하다. 능력 있는 여성이 먼저 성공하여 다른 여성을 이끌자는 전략도 여성 개인의 윤리에 의존하는 방식이다. '나쁜 페미니스트'는 희생양 논리를 넘어서는 변혁적 세계에 대한 모색을 함께 해야 한다.

# 13.

## 페미니즘의 대중화를
## 다시 생각한다

### 여성의 개인화의
### 이중적 의미

**정희진**

신자유주의 시대의 개인은

타인을 짓밟고 살아남아야 하는 단절적 존재다.

신자유주의의 동력은 개인의 욕망이다.

신종 코로나 사태는 묻고 있다.

신자유주의 시대, 페미니스트는

무엇을 지향 또는 지양해야 하는가.

코로나19 사태의 장기화와 팬데믹 주기가 짧아진다는 데 이견은 없는 듯하다. 신종 코로나 사태는 개발 지상주의로 인해 파괴된 지구의 메시지다. 포스트 코로나는 경고를 넘어 삶의 패러다임을 바꿀 것을 요구하고 있다. 그렇다면 '뉴 노멀'의 내용은 무엇이어야 할까. 페미니즘은 뉴 노멀을 사유하는 데 꼭 필요하지만, 현재의 '신자유주의적 페미니즘'은 포스트 코로나의 '대안'이 될 수 있을까.

오늘날 한국 사회의 페미니즘은 신자유주의 시대와 떨어뜨려 존재할 수 없다. 남녀 모두 실업을 피할 수 없으면서 여성은 고용 불안 상태의 남성과 결혼하는 대신 경제적 독립을 적극적으로 모색하고 반려동물과 살기 시작했다. '생계부양자 남성'은 원래부터 현실이 아니라 신화였지만, 실업이 일상화된 사회에서 여성의 '취집(취업으로서 결혼)'은 불가능해졌다. 신자유주의가 여성에게도 노동자, 개인이라는 지위를 허락할 수밖에 없는 이유다. 이러한 상황은 사회적 약자에게 더 큰 타격을 준 신종 코로나 사태 이후 더 두드러지고 있다.

저출산 역시 고용의 문제임을 잊어선 안 된다. 통계청에 따르면 2019년 한국의 출산율은 0.92명이다. 정규직 공무원이 많이 거주하는 세종시의 조혼인율은 6.2건으로 전국 17개 시·도 가운데 가장 높다. 성차별은 개인이었던 여성이 가족 제도에 들어서면서 시민으로서 '권리'보다 아내, 엄마, 며느리로서 '도리'가 강조되며 본격화된다. 여성의 성역할 규범은 노동, 안전, 법 제도 등 모든 측면에서 시민권을 박탈하는 근거가 된다.

'페미니즘의 대중화'는 부정할 수 없는 추세다. 이는 여성운동의 성취이지만 이처럼 신자유주의의 '긍정적 여파'라고도 할 수 있다. 여성운동사를 돌아보면, 여성의 고용률이 높아진 시기는 여성운동이 활발했을 때가 아니라 전쟁으로 남성 노동자가 대거 징집됐을 때였다. 남성의 빈자리를 여성이 대체한 것이다. 여성의 지위 변화는 여성운동의 성과이지만 남성들 사이의 분열이 원인이 되기도 한다. 이는 여성운동의 노력을 폄하하려는 것이 아니라 그만큼 남성이 사회 구조social division를 독점하고 있다는 의미다. 이 또한 신종 코로나 사태를 겪는 신자유주의 사회에서 자주 재연되고 있다.

○

## 신자유주의적
## 페미니즘의 시대

'신자유주의적 페미니즘'은 노무현 정부의 성격 중 하나였던 '좌파 신자유주의'처럼 모순된 말이지만, 정확한 묘사이기도 하다. 이제 이런 용어는 모순이 아니라 사유해야 할 복잡한 현실이 됐다. 2000년 이전 여성운동의 주된 내용은 성차별의 가시화와 아내폭력, 성매매, 성폭력, 인신매매 등 여성에 대한 폭력의 법제화로 요약할 수 있다. 당시 여성주의자들은 '사회운동에 참여하는 여성'으로 불리거나 자기 의사와 무관하게 남성 사회로부터 페미니스트라고 공격받았다. 이러한 상황을 적나라하게 보여주는 사례가 페미니즘이 이슈화하는 여러 주제에 공감하고 지지하지만, 페미니스트로 규정되는 것에 두려움과 혐오를 가진 사람의 양가감정을 드러내는 대표적 문구인 "저는 페미니스트는 아니지만"이다.

그러나 2000년 이후 신자유주의 색채가 짙어지면서 많은 여성은 이제 자신이 생물학적 여성이라는 이유만으로 여성주의

자라고 생각하게 됐다. 신자유주의는 가부장제를 변형시켰다. 계급과 나이, 국적 등 여성 사이의 차이에 따라 페미니즘의 이해理解와 이해利害가 크게 달라졌다. '경쟁력 있는 여성'이나 평등 개념에 익숙한 여성에게 페미니즘은 당연한 가치가 되었다. 사회 구조로서 젠더보다 여성 개인으로서 자신에게 관심이 크다. 이른바 '나의 시대me-meism'다. 이들이 생각하는 여성주의는 "여성 우선"이다. 문제는 누가 '여성'인가이다. 여기서 '여성'은 통념상의 생물학적 여성, 가부장 체제에서 차별받은 여성, 남성에게 폭력과 피해를 겪은 여성이다.

나도 모든 사례에 해당하지만, 이러한 주장에 동의하지는 않는다. 이들은 성 소수자, 난민, 사회적 약자의 현실은 나중에 다룰 문제이거나 여성주의와 무관하다고 본다. 여성의 고통과 안전은 '여성 우선 페미니즘'으로 해결될 수 없다. 불가능한 일이다. 모든 집단에는 '여성'이 존재하기 때문이다.

기존의 논의에서는 인간의 문제를 사회 구조에서 찾는 구조주의와 개인적 노력으로 극복할 수 있다는 자유주의가 논쟁점이었다. 그러나 신자유주의는 계층 이동이 불가능한 완벽한 구조의 시대이자, 그 상황에서 개인이 역량을 최대한 발휘해야 하는 철저한 개인의 시대를 열었다.

○

## '똑같은 여성'은
## 존재하는가

기존의 자유주의에서 자유는 해방을 의미했지만, 신자유주의에서는 사회적 고립, 자발적 종속, 나만의 욕망 추구를 의미한다. 오해를 무릅쓰고 반복하면, 지금 여성주의의 대중화는 여성운동 자체의 동력도 대단했지만, 신자유주의의 의도치 않은 결과라는 사실을 잊어서는 안 된다. 문제는 후자다.

신자유주의는 개인의 배경보다 능력을 중시한다. 그 능력도 부모의 능력에 따라 달라지지만, 중산층 여성은 상대적으로 '이전보다는 유리한' 위치에 서게 되었다. 자신의 노력으로 승부를 내려는 여성에게 '남성 우선 신분제'인 가부장제는 이해할 수 없는 봉건적 시스템이다. 이들에게 페미니즘은 자신을 보호해주는 상식이다.

여성은 분명 차별받고 있다. 그런데 그 여성은 누구인가. 여성은 다양한 상황에서 살고 있다. 즉 자신이 시민이 아니라 여성으로만 '취급'되고 있다는 현실 인식은 페미니즘의 시작이지 끝이 아니다. 트랜스젠더 여성의 여자대학 입학과 난민을 반대하는 여성주의의 등장은 많은 사람에게 충격을 주었다. 사회정의, 연대로서 페미니즘의 이상은 이제 자명한 가치가 아니게 되었다.

여성주의는 '많은 여성이 하나가 되자'는 사유가 아니다. 여성주의는 대표적인 정체성正體性의 정치다. 이는 여성은 모두 같다는 의미가 아니다. 오히려 동일하지 않기 때문에 동일'시視'가 필요한 정치다. 여성주의는 '어려운' 사유다. 여성의 개념이 상황에 따라 수시로 변하기 때문이다. 나는 여성, 아줌마, 외국인, 건강 약자, 비정규직 노동자다(라고 생각한다). 그러나 대부분의 사람은 나를 '아줌마'로만 본다. 스스로는 건강 약자라는 정체성이 가장 강하다. 하지만 텔레그램 '박사방' 같은 사건에는 여성으로서 그 누구와도 연대할 수 있다.

나이 든 여성과 젊은 여성, 가난한 여성과 그렇지 않은 여성, 장애 여성과 비장애 여성의 삶의 격차는 성별의 격차보다 더 클 수 있다. 이는 성차별은 사소하고 다른 문제가 더 크다는 의미가 아니다. 여성의 상황은 천차만별인데, '신자유주의적 여성주의'는 단일한 여성을 상정하고 있다는 의미다. 안타깝게도 많은 여성이 '신자유주의적 여성주의'를 지지하고, 그것이 '원래 페미니즘'이라고 생각한다.

○

# 페미니즘은
# 공존을 사유한다

남성과의 관계에서 자신을 설명하지 않아도 되는 독립적 여성, 즉 여성의 인간화는 여성주의의 오랜 목표였다. 근대 초기의 자유주의는 신분 질서에서 벗어나는 것, 휴머니즘을 의미했다. 이때 개인은 봉건주의의 비합리성에서 벗어나려는 인간이었다. 사회를 뜻하는 인간人間으로서 개인이다. 그러나 신자유주의 시대의 개인은 타인을 짓밟고 살아남아야 하는 단절적 존재다. 신자유주의의 동력은 개인의 욕망이다. 신종 코로나 사태는 묻고 있다. 신자유주의 시대, 페미니스트는 무엇을 지향 또는 지양해야 하는가.

근대 이후, 인류의 기술 숭배는 자가당착에 이르렀다. 문제는 이전의 전쟁과 전염병은 모두가 망하는 공도동망共倒同亡 사안이었지만, 신자유주의 시대에는 그 피해도 차별적이라는 사실이다. 국내 취약층부터 이주노동자, 대륙별 격차까지 경계도 다양하다. 여성주의는 '혁명'이 아니라 일상에 균열을 냄으로써 서구 남성 문명의 틈새를 확대하는 '진지전'이다. 그들과 같아져서도 안 되고 그럴 수도 없다. 여성주의는 이 상황을 어떤 방향으로 이끌 것인가.

　페미니즘은 여성이 배제된 경험을 통해 성장했기에 그 어느 사상보다도 '폭넓다'. 차별, 대상화, 착취와 폭력은 성별 제도 외에도 다른 사회적 모순과 교직交織되어 있기 때문이다. 페미니즘은 여성해방을 넘어 약자와 공존하는 법, 자연과 공생하는 법을 모색한다. '여성만의 문제'는 존재할 수 없다. 동시에 성차별을 해결하지 않으려는 그 어떤 사유도 대안일 수 없다. 발전주의와 양극화에 관한 페미니즘의 문제 제기가 신종 코로나 사태 이후의 사회를 사유하는 데 자원이 되길 기대한다.

# 코로나 시대의 페미니즘

**페미니스트 크리틱 2**

**1판 1쇄 발행일** 2020년 7월 13일
**1판 3쇄 발행일** 2020년 12월 21일

**엮은이** 김은실
**지은이** 권김현영 김영옥 김은실 김주희 김현미 민가영 손희정 신경아 이현재 장이정수 전희경
정희진 최현숙

**발행인** 김학원
**발행처** (주)휴머니스트 출판그룹
**출판등록** 제313-2007-000007호(2007년 1월 5일)
**주소** (03991) 서울시 마포구 동교로23길 76(연남동)
**전화** 02-335-4422 **팩스** 02-334-3427
**저자·독자 서비스** humanist@humanistbooks.com
**홈페이지** www.humanistbooks.com
**유튜브** youtube.com/user/humanistma **포스트** post.naver.com/hmcv
**페이스북** facebook.com/hmcv2001 **인스타그램** @humanist_insta

**편집주간** 황서현 **편집** 김주원 김선경 **디자인** 유주현
**조판** 홍영사 **용지** 화인페이퍼 **인쇄** 삼조인쇄 **제본** 정민문화사

ⓒ 권김현영 김영옥 김은실 김주희 김현미 민가영 손희정 신경아 이현재 장이정수 전희경
정희진 최현숙, 2020

ISBN 979-11-6080-455-3 03300

이 도서의 국립중앙도서관 출판예정도서목록(CIP)은 서지정보유통지원시스템 홈페이지(http://seoji.nl.go.kr)와
국가자료공동목록시스템(http://www.nl.go.kr/kolisnet)에서 이용하실 수 있습니다.(CIP제어번호: CIP2020026750)